经典全景二战丛书

巴丹半岛拉锯战

田树珍/编著

民主与建设出版社
·北京·

© 民主与建设出版社，2023

图书在版编目（CIP）数据

巴丹半岛拉锯战 / 田树珍编著 . -- 北京：民主与建设出版社，2019.7（2023.4 重印）

（经典全景二战丛书）

ISBN 978-7-5139-2521-1

Ⅰ.①巴… Ⅱ.①田… Ⅲ.①太平洋战争—海战—史料 Ⅳ.① E195.2

中国版本图书馆 CIP 数据核字（2019）第 118969 号

巴丹半岛拉锯战
BADANBANDAO LAJU ZHAN

编　　著	田树珍
责任编辑	刘　芳
封面设计	亿德隆文化
出版发行	民主与建设出版社有限责任公司
电　　话	（010）59417747　59419778
社　　址	北京市海淀区西三环中路 10 号望海楼 E 座 7 层
邮　　编	100142
印　　刷	三河市天润建兴印务有限公司
版　　次	2020 年 5 月第 1 版
印　　次	2023 年 4 月第 2 次印刷
开　　本	710 毫米 ×1000 毫米　1/16
印　　张	15
字　　数	180 千字
书　　号	ISBN 978-7-5139-2521-1
定　　价	49.80 元

注：如有印、装质量问题，请与出版社联系。

前言

大海战 100 年

美国杰出的军事理论家马汉于 1890—1905 年间提出了制海权理论,其核心是"谁能控制海洋,谁就能控制陆地,进而控制整个世界"。因此,掌握全面制海权不仅是海军的核心任务,更是国家的战略目标,人类近代海战史充分印证了马汉这一理论。

近百年来,以美国、英国、法国、德国、意大利、日本为首的军事强国都在优先发展海上力量。在第一、第二次世界大战及近代几次战争中,这些国家通过海上封锁、破坏对方海上运输线、海上决战等方式,在一定海域内获得了制海权,进而实现了控制相关陆地的战略目的。

这其中,留给我们印象最深刻的是两次世界大战,无论是作战规模、作战样式,还是战争的惨烈程度都是空前的。在这两场战争中,海战这一古老的战争类型,由于使用了新武器、新装备,发生了革命性的变化。当德国的"俾斯麦"号和"提尔皮茨"号、日本的"大和"号和"武藏"号、英国的"威尔士亲王"号等超级战列舰被奉为"海战之王"时，以美国为代表的航空母舰及其战斗群横空出世，在一场场血与火的搏杀中表现出色，为美国最终赢得太平洋战争立下汗马功劳，名正言顺地取代了战列舰成为新的"海上霸主"。同时，随着人类科学技术的不断进步，核潜艇的出现又彻底打破了固有的海战模式，其强大的战略、战术威慑力，使之成为令人生畏的深海杀手。

为了再现近百年的大海战全景，我们精心推出"经典百年海战大观"系列丛书。这套书详细地再现了近百年来海战中的经典战例、著名战舰以及一些鲜为人知的人物故事，共20册，每册讲述一个独立的海战故事，书中涉及日德兰之战、珍珠港之战、珊瑚海之战、中途岛之战、瓜达尔卡纳尔之战、莱特湾之战、马里亚纳群岛之战、围歼"俾斯麦"号战列舰之战等海战史上至今仍然被人们津津乐道的经典战役。

进入21世纪，中国人民解放军海军迅速发展壮大，有力地保卫了祖国海防，但中国海军依然任重道远。要保护我们国家的利益，需要建设强大的海军，需要我们比以往任何时候都更加关注海洋、了解海战的历史。

目 录

第一章
兵指东南亚

★日军不仅要吞掉中国香港、菲律宾、泰国、缅甸、马来亚、新加坡、爪哇、苏门答腊、帝汶岛等要地，而且要控制太平洋中的关岛、威克岛和靠近澳大利亚的新几内亚岛。

★美国人设想：日本若在菲律宾实施两栖攻击，当地的美军将逐步退到巴丹半岛，为增援部队赢得时间，等美国主力舰队集结准备完毕后，将直接威胁日本国土。

★日本人的动作太迅猛了，英美来不及调兵——在亚洲唯一能争取时间的便是由两艘大型主力舰和4艘驱逐舰组成的特混Z舰队，指挥官是菲利普斯。

★镇守菲律宾的麦克阿瑟声称，在美国强大的海空力量的支援下，他的守卫部队完全可以实施近海防御，在滩头击退任何入侵者，没有必要撤退到巴丹半岛。

1. 觊觎东南亚 / 002
2. N个防御计划 / 014
3. 突袭Z舰队 / 025
4. "吕宋的拿破仑" / 039

第二章
菲律宾危机

★ 日机在几乎毫无抵抗的情况下，摧毁了停在克拉克机场上的全部飞机，其中 B-17 式轰炸机 18 架、P-40 式战斗机 55 架，给予美国远东空军以致命的一击。

★ 日本飞行员一个个沮丧地坐在驾驶舱里，提心吊胆地望着天空，唯恐美国的"空中堡垒"突然从云雾中钻出来，把他们连同飞机炸得人仰马翻。

★ 美国亚洲舰队司令哈特站在距离基地仅 600 米的司令部，勉强控制住自己没有痛哭，他喃喃自语："我们的潜艇……我们的秘密武器……"

★ 船舰列在浅滩上，暴露于正面约 24 公里的敌火炮攻击之下。如果美军懂得利用这个机会的话，日军势将被当成"点心"。

1. 空袭马尼拉 / 048
2. 强行登陆菲律宾 / 063
3. 日美攻守拼杀战 / 072
4. 日军海陆一体战 / 083

第三章
退守巴丹半岛

★麦克阿瑟的主力部队钻出日军的夹击,顺利撤退到巴丹半岛,从而完全打乱了日军南进战略的时间表,使美国有时间在澳大利亚和西南太平洋组织防御,美国国内人心大振。

★当日军发起冲锋的时候,却遭到菲律宾炮兵部队疯狂的轰炸。日军吃了大亏,不死心,又调来重炮及飞机,再次跟美菲联军死拼。

★本间雅晴也感到筋疲力尽——经过一个多月的作战,他的部队渐渐失去了攻击锐势,他面对的美军新防线地形更为复杂,更不利于机械化部队的进攻。

★麦克阿瑟很担心日本人登陆巴丹半岛,但是他手上已经没有多余的兵力能够调动,只是下了几道空洞的命令"一定要防止日本人在背后偷袭。"

1. 完美撤退 / 094
2. 马尼拉沦陷 / 105
3. 日军意外受挫 / 116
4. 美日展开拉锯战 / 127

第四章

在绝境中对峙

★菲律宾总统奎松向罗斯福呈送了一份最后的通告说,菲律宾将独立,并宣布中立,解除一切武装。奎松强调说,这样一来,日军一定会撤退。

★日本人获悉麦克阿瑟可能要离开菲律宾的消息,"东京玫瑰"电台扬言:"活捉麦克阿瑟,在东京帝国广场斩首示众"。

★对于所有防御军的官兵们来说,主要的敌军不再是日军了。粮食不足与疾病一齐袭来,使兵士们感觉到颓废。前线官兵35%的人感染了疟疾。

★巴丹半岛的防御军已面临被攻破了。为了重整阵线,联军经过了一番挣扎,不过,日军却毫不留情地步步逼近,使他们不得不放弃战线。

1. 绝境中的期望 / 142
2. 再见,麦克阿瑟 / 151
3. 温莱特的噩运 / 164
4. 巴丹半岛陷落 / 172

第五章
难忘的悲情结局

★一路上，战俘们头顶烈日、脚踏热土，连续行军5天，饥饿没有东西吃，口渴没有水喝，行动缓慢便遭到毒打，掉队就会被刀刺或枪毙。

★在前后达5个小时的炮击中，日军发射了3600发以上的炮弹，其中一发贯穿了弹药库的混凝土壁。依照日军的说法，那种状况好像全岛都爆炸了似的。

★温莱特受尽了羞辱和折磨。他拒绝在"所有驻菲律宾美军停止抵抗"的投降书上签字，本间雅晴暴跳如雷，威胁温莱特说，如不照办，就看日本人如何大开杀戒。

★不管麦克阿瑟在其后的太平洋战争中创下了何种功绩，在1941年菲律宾之战时，批评他的话题总不间断，让人疲于一一提起。

1. "巴丹死亡行军" / 184
2. 科雷希多岛沦陷 / 196
3. 无奈的温莱特 / 205
4. 谁播下"耻辱的种子" / 218

第一章
兵指东南亚

- ★ 日军不仅要吞掉中国香港、菲律宾、泰国、缅甸、马来亚、新加坡、爪哇、苏门答腊、帝汶岛等要地，而且要控制太平洋中的关岛、威克岛和靠近澳大利亚的新几内亚岛。
- ★ 美国人设想：日本若在菲律宾实施两栖攻击，当地的美军将逐步退到巴丹半岛，为增援部队赢得时间，等美国主力舰队集结准备完毕后，将直接威胁日本国土。
- ★ 日本人的动作太迅猛了，英美来不及调兵——在亚洲唯一能争取时间的便是由两艘大型主力舰和4艘驱逐舰组成的特混Z舰队，指挥官是菲利普斯。
- ★ 镇守菲律宾的麦克阿瑟声称，在美国强大的海空力量的支援下，他的守卫部队完全可以实施近海防御，在滩头击退任何入侵者，没有必要撤退到巴丹半岛。

1. 觊觎东南亚

1941年12月7日，美国总统富兰克林·罗斯福在白宫办公室正悠闲地吃午餐的时候，写字台上的电话响了起来。接线员说："对不起，打搅了，总统先生，海军部打来了紧急电话。"罗斯福接起电话后，脸上的表情顿时凝固了——海军部刚刚收到夏威夷发来的报告："珍珠港遭到空袭！"

罗斯福简直不敢相信自己的耳朵，询问消息是否准确，海军部长说肯定没错。总统顾问霍普金斯得知后也很惊讶，一口咬定："这不会是真的。小小的日本，竟想同美国开战，他们简直是疯了！"

虽然罗斯福对日本人的疯狂很意外，但白宫已经预感到日本会威胁美国在亚洲的利益——美国政府曾多次指责日本侵略中国，而且又对日本实行贸易禁运、切断了它重要的石油供应线，如此就一直隐隐存在着美日交战的危险。美国驻日本大使曾告诫美国相关人士说，美国对日本采取这样严厉的措施，会激起军人把持的日本政府做出"举国玉碎"的事情来。为防止这种可能性，白宫已经向太平洋彼岸派遣增援部队，保卫海外殖民地菲律宾免遭入侵。

美国政府的算盘打得很精准，以菲律宾—关岛—威克岛—夏威夷—美国本土连成长长的海上补给线，既能掌控太平洋，又能限制日本，保卫自己在东南亚的殖民地不被侵扰。1941年秋，白宫也收到情报：日本想侵占太平洋，准备不惜代价跟美国干一场，但罗斯福认为日本人袭击夏威夷不大可能，预料日本的主攻矛头会针对菲律宾。

尽管担心日本发疯，罗斯福仍然没放弃和平谈判，想通过外交途径解决矛盾，没想到日本居然先动了手。

第二次世界大战期间的罗斯福（中）与丘吉尔（左）、斯大林（右）合影

珍珠港被袭，一小时内，美国人都知道了太平洋舰队被日本轰炸机摧毁，举国震惊转化成同仇敌忾。罗斯福正式宣布对日本开战，第二次世界大战掀起新的高潮：美国全国各地正在休假的陆、海、空军人员迅速返回各自的基地，小伙子成群结队地涌往征兵站，老百姓也在做防空准备。

大洋彼岸，日本人则对成功偷袭珍珠港兴奋不已：先拔掉珍珠港，再踏平关岛、威克岛，切断美国的海上运输线，驻扎在菲律宾的美国守军就成了瓮中之鳖！

日本"凤翔"号航空母舰

偷袭珍珠港时，准备从"赤城"号航空母舰上起飞的日军零式战斗机

为了打败美国，日本军队蓄谋已久：第一次世界大战后，日本做梦都想搞一个"八八舰队"（即8艘战列舰，8艘巡洋舰），只是因为有《华盛顿条约》的限制，日本的努力流产了。但日本没死心，钻了《华盛顿条约》的空子，不许发展战列舰，就建造航空母舰。至1933年，日本联合舰队已拥有"凤翔"号航空母舰和两个航空战队。

在偷袭珍珠港前，日本联合舰队已膨胀为具有大规模综合作战能力的世界级大舰队。日本联合舰队下辖第 1 舰队、第 2 舰队、第 3 舰队、第 4 舰队、第 5 舰队、第 6 舰队和第 1 航空舰队、第 11 航空舰队及南遣舰队。有 10 艘航空母舰，10 艘战列舰，38 艘巡洋舰，112 艘驱逐舰，65 艘潜艇，1000 余架飞机。另外，到太平洋战争开战前日军征用商船的吨位已总计达 180 余万吨。

1940 年底，日本陆军统帅部就着手制订对美国、英国、荷兰的作战计划。最初制订的是马来半岛（马来西亚、新加坡）、菲律宾作战计划等区域性作战计划。1941 年 4 月左右，改为制定综合作战计划，将越南、泰国、缅甸、柬埔寨、印度尼西亚等地全部囊括进来。在此期间，陆海两军统帅部的作战参谋之间始终保持着紧密联系，并共同进行了图上研究。

作战计划基本完成之后，海军在 1941 年 9 月，陆军在 1941 年 10 月，分别进行了有关作战计划的沙盘演习。同时，日本御前会议正式通过了《帝国国策实施要领》，将投入东南亚作战的兵力、物资和军需补给等陆续向越南、中国海南岛、华南、台湾岛以及小笠原群岛等地运送，进行战前部署。

到 10 月上旬，东条英机煽动军方逼近卫文麿内阁引咎辞职。裕仁天皇敕命东条英机组阁。1941 年 10 月 17 日 17 点，天皇裕仁在二重桥皇宫东御苑召见东条英机，对他说："东条将军，我今天代表大日本帝国皇室授予你政府最高级委任状。"东条英机向前走了几步，立正敬礼，然后伸出微微颤抖的双手，从裕仁天皇手中接过内阁首相的委任状。东条英机成为日本第41任首相后,便让战争机器开足马力狂奔。

东条英机很快让陆海军统帅部分别制定作战计划,并得到裕仁天皇批准。11月15日,陆海军统帅部又进行了御前沙盘演习。

日本陆军南方作战计划要点如下:

作战目的:摧毁美国、英国以及荷兰在东亚的主要基地,并占领南方重要地区。准备占领地区的范围是菲律宾、关岛、中国香

裕仁天皇

港、英属马来亚、缅甸、爪哇、苏门答腊、婆罗洲、苏拉威西、俾斯麦群岛、荷属帝汶岛等。

作战方针：在陆海军紧密配合下，对菲律宾和英属马来亚同时作战，争取在短时间内达到作战目的。

使用兵力：以11个师、9个坦克团、2个飞行集团和其他直属部队作为骨干，同时进军。

日本海军作战计划要点是：

海军所用兵力——除以战列舰为主编成的第1舰队留在濑户内海待命外，其他海上部队几乎全部出动。具体部署如下：

一、开战之初，以第1航空舰队（6艘航空母舰）为主编成突击部队，前去袭击停泊在夏威夷群岛的美国主力舰队，偷袭美军基地珍珠港。完成这项任务后，返回基地进行修理、补充，尔后负责保卫南洋群岛或支援南方的进攻作战。

二、与此同时，第11航空舰队（岸基航空兵）全力协助陆军部队进攻并占领菲律宾和马来亚。

三、以第2舰队为主的海上部队，活动于菲律宾海域和南中国海一带，搜索并歼灭敌海上部队，以掌握西太平洋的制海权，保障陆军部队的海上航渡安全。

四、以第3舰队为主的海上部队，为进攻菲律宾的陆军部队担任护航，并掩护其登陆；然后，为进攻爪哇的部队担任护航，并掩护其登陆。

五、以南遣舰队（开战前临时组建的）为主的海上部队，为进攻马来亚的陆军部队担任护航，并掩护其登陆。

六、以第2遣华舰队（不隶属于联合舰队）为主的海上部队，负责支援第23集团军进攻香港。

七、以第4舰队为主的海上部队，除为进攻关岛和拉包尔的部队担任输送、护航和支援外，还须抽出部分兵力在开战之初去攻占威克岛。

八、以第5舰队为主的海上部队，在日本本土以东海域警戒巡逻，以防敌人突然袭击。

九、第6舰队（即潜艇部队）在临开战之前将其主要兵力部署在夏威夷一带，配合南云忠一的机动部队完成突袭珍珠港的任务；另派两支潜艇部队活动于菲律宾和新加坡一带，以便袭击敌方的海上部队。

陆军以进攻马来半岛南部和新加坡为重点，海军以袭击珍珠港为重点。若有敌舰队前来袭扰，除第3舰队和南遣舰队继续协同陆军作战外，联合舰队其余兵力则全力以赴去截击并歼灭海上来犯之敌。

日军"大本营"的想象力相当丰富，对完成上述作战计划的估计是：攻占香港大约用20天，攻占菲律宾首府马尼拉大约用50天，攻占新加坡大约用100天，攻占爪哇大约用150天。因而判断，大约用5个月时间就能按预定计划完成对南方大部分重要地区的占领。

有了"如此完善"的方案，整个日本军界都激动得热血沸腾，日本大本营发布南方作战部队战斗序列令。其战斗序列大致如下：南方军总司令寺内寿一，第14集团军司令本间雅晴（辖第16师团、第48师团、第65旅团，进攻菲律宾）、第15集团军司令饭田祥二郎（辖第33师团、第55师团，进攻缅甸、越南、泰国）、第16集团军司令今村均（辖第2师团、第56步兵混成旅）、第25集团军司令山下奉文（辖近卫师、第5师团、第18师团，进攻马来亚），

准备战争的日本陆军

南方军直属第 21 师团、第 21 独立混成旅、第 4 独立混成团、第 3 飞行集团、第 5 飞行集团。

12 月 1 日，日本最高领导层举行开战之前的最后一次御前会议，内阁阁僚全部出席。裕仁天皇听取了各有关方面的报告，得知开战准备一切就绪后，作出最后决断：对美国、英国、荷兰开战，开战日期定为 12 月 8 日。

日军像一条巨大的章鱼，把触须呈扇形伸向东南亚和西南太平洋——它不仅要吞掉香港、菲律宾、泰国、缅甸、马来亚、新加坡、爪哇、苏门答腊、帝汶岛等要地，而且要控制太平洋中的关岛、威克岛和靠近澳大利亚家门口的新几内亚岛。

在日军积极准备南进时，美国、英国等国虽然也进行了一些作战准备，但与日本相比，就差得太多了。美国早就发现美军在太平洋地区的两个弱点：第一，在太平洋需要有大型海军基地；第二，除非在太平洋保持强大的兵力，否则便保不住远在亚洲的殖民地菲律宾。

在选择太平洋大型海军基地时，美国面临两种选择：一是菲律宾；二是夏威夷。尽管陆军方面强烈主张把基地设在菲律宾，但最后美国还是选中了夏威夷瓦胡岛的珍珠港。当时的主要考虑是珍珠港基地不仅能保卫夏威夷群岛，而且能将其建设成为防卫美国整个太平洋沿岸地区的一个中枢站，并使美国海军在太平洋地区处于优势地位。

夏威夷群岛位于太平洋中央偏北，距离美国本土2100海里，距离日本3400海里，由20个大小岛屿组成。太平洋上的基地虽选定了夏威夷，但如何保卫距此4750海里的菲律宾？问题仍未解决。于是，作为补充方案，美国决定在菲律宾建设乙级海军基地。海军本来希望基地设在苏比克湾，但陆军以该地不能防御来自陆上的攻

"二战"前驻守菲律宾的美军

珍珠港内遭到日军飞机轰炸后的场面

击为理由坚决反对，提出设在马尼拉湾甲米地，而把防御力量集中于马尼拉湾及其周围地区。

这个补充计划促成了马尼拉湾口的科雷希多岛成了要塞，以掩护海军基地甲米地及马尼拉市。科雷希多岛位于菲律宾马尼拉湾入口处、巴丹半岛以南的海面上，行政上属于甲米地管辖。由于地理位置特殊，科雷希多岛一直是防卫马尼拉的重要海军基地，扼守着马尼拉海湾的入口，具有重要的战略地位。从1922年至1932年，美军在岛上修建了隧道，隧道由主隧道和24条分支隧道构成，最初作为医院、油库和军火库，后改做防空工事，作为菲律宾和美国守军的指挥部。

★美国大意导致珍珠港遭偷袭

1941年夏天，夏威夷陆军航空队司令马丁预见到了可能出现的最坏结局，日本舰队"以6艘航空母舰同时攻击珍珠港，攻击来自不同的方向，我们不一定能进行有效防御"，他向华盛顿的陆军部递交备忘录，请求派出更多的飞机扩大巡逻，严防日本舰队入侵。

而陆军部仍然认为夏威夷是"世界上最坚固的堡垒"。马歇尔视察珍珠港后，报告总统："有了足够的空防，敌人的航空母舰、护卫舰和运输舰在距离夏威夷650海里的地方就会遭到空袭。"他还得出结论："对珍珠港大规模袭击是不切合实际的。"

2. N个防御计划

然而，只靠马尼拉湾和科雷希多岛的防御，还不能保障菲律宾的安全。绝对必要的条件是要有一支强大的舰队驻在菲律宾基地，因为一旦失去制海权，日军的地面部队就会大举进攻，菲律宾的守军也许在等待从珍珠港西进的舰队来援之前就支撑不住了。在20世纪初，欧美国家在亚洲划分殖民地时并没有大的冲突，因此美国人在菲律宾的日子过得很惬意。

第一次世界大战后，世界形势发生了重大变化：德国战败，英

美国第 28 任总统伍德罗·威尔逊

国、法国因战争而精疲力竭，日本的国力相对地得到提高，其地位得到加强。尤其是日本从德国手里抢过来的马绍尔、马里亚纳及加罗林等南方诸群岛，成为美国太平洋舰队"西进"路上的重大障碍。这不能不引起美国的严重关切。

日本抢了德国的地盘，势力范围一下子扩大了近 2700 多海里，也使美国控制的关岛和菲律宾成为孤立的前哨据点。在 1919 年的凡尔赛和会上，美国坚决反对将马绍尔、马里亚纳和加罗林群岛划作日本的委任统治地。美国总统威尔逊说："日本控制南洋群岛，实际上是使美国在菲律宾的防御成为不可能。"因此，美国的战略策划者们把日本列为第一号潜在敌国。

此后多年，美国陆海军联合委员会提出了橙色计划，用以对付日本。一位海军军官在1924年对陆军军事学院的师生说："橙色战争被认为是最有可能发生的战争。对美国海军说来，它是最难打的战争，它将要求我们付出最最巨大的海战努力，这种付出比任何一个国家迄今所付出的都要多。"

几十年里，美国陆海军联合委员会先后向美国总统提交橙色计划种种完善的方案，报告中明确指出："日本是我们最大的敌人。"由于日本领土扩张、德国战败、沙皇俄国覆灭、英国裁军以及欧洲

日本海军重巡洋舰编队

列强的矛盾等因素，美国越来越关注日本的动向，越来越认真研究对日本的战略。

日本在1931年发动了"九·一八"事变、1932年制造了伪"满洲国"傀儡政权，之后又宣布脱离国际联盟。美国驻日大使报告说，日本军方现在已把美国视为主要敌人，"因为美国阻碍他们进行扩张"。美国亚洲舰队司令和菲律宾驻军总司令提出一项绝密报告，说："日本的海上和空中力量的惊人增长，已经使美国的现有力量保不住马尼拉湾和科雷希多岛。"种种危险信号促使美国对橙色计划进行深入细致的研究。

1935年4月，美国联合计划委员会向联合委员会提出了橙色计划的修改案。该修改案在谈到美国对日本应采取的战略时说："大概只有靠旷日持久的消耗战才能打垮日本。在战争初期，美国将丧失菲律宾，美国的攻势作战应采取渐进作战的形式，一个个小岛推进，逐次攻占日本的委任统治地，并确保通向西太平洋的交通线。"

一种设想是：作战首先从离美国本土最遥远的守岛部队拼死抵抗开始；接着海军舰队驶离美国本土军港，渡过太平洋去解救已遭围困的守备部队；最后打败日本舰队，赢得战争。

另一种设想是：日本在菲律宾（也可能是远东的其他目标）实施两栖攻击；当地美国陆军和海军将支援菲律宾人抵抗，逐步退到巴丹半岛，为增援部队来援赢得时间，在美国主力舰队集结准备完

赫斯本德·金梅尔

毕后，将渡过中太平洋直接威胁日本国土并逼使日本与美国在海上展开决战。

但这些设想既朦胧又不切实际，好在战争没有迫在眉睫，战略的策划者们有的是时间去纸上谈兵。

20世纪30年代，美国海军把兵力都放在太平洋方向。直至1940年，根据美国国会通过的"两洋海军"法案才再次分别建立大西洋舰队和太平洋舰队。太平洋舰队首任司令是理查森，1941年2月由金梅尔接任。司令部驻夏威夷瓦胡岛的珍珠港，这里经美军多年建设，已经成为美军在太平洋中部地区设施良好、功能齐备的综合性大型军事基地。

无论如何，橙色计划只是一个构思，陆军对海军的增援力量能否在菲律宾守军退守到巴丹半岛之前到达不抱多少希望。据情报部门分析，日本可以在30天内动员起一支30万人的军队，并将其运送到菲律宾；在战争开始后7天内，日本可以秘密动员5到6万人，并将其运送到吕宋岛；动员10万人则不超过15天。而美国陆军在这个群岛上只有1万人，而且其中7000人还是菲律宾人。海军则认为：除非在战时有一个为接纳远东舰队做好一切准备的港口，否则舰队进抵作战区就会无限期的拖延。所以陆军必须尽一切可能，在任何情况下都确保马尼拉湾的安全。显然，陆军和海军均有压力。

橙色计划究竟该如何实施，尚无完善的措施。日本野心勃勃，美国、英国等国家对日本容忍和退缩，却进一步怂恿和助长了日本的侵略欲望。

日本先是发动全面侵华战争，接着宣布建立"东亚新秩序"，然后又提出"建设大东亚共荣圈"。希特勒打败法国后，日本政府强迫法国傀儡政府接受所谓"和平进驻法属印度支那（今越南）"北部的要求。

美国和英国对日本为什么表现得如此软弱呢？这与德国在欧洲捣乱不无关系。当时美国战略策划者日益明显地意识到：美国要面对的不再是一个"橙色"日本，要研究的也不再是一个橙色计划，

"很可能有一场与德、意、日轴心国同时进行的战争"。

为对付轴心国，联合计划委员会制定了5个计划。这些计划不再以单种颜色命名，而代之以多颜色的"彩虹"。

"彩虹–1号"是一个防御性计划，旨在维护门罗主义原则，保卫美国、美国的领地、海运以及美洲地区。

"彩虹2号"则要求武装部队"维护太平洋各国的利益，打败在太平洋区域的敌国军队"。

"彩虹3号"是一个攻势计划，设想在太平洋发动一场强有力的攻势，"通过获取西太平洋的控制权，确保美国在该地区至关重要的利益"。

"彩虹4号"包括向南美和东大西洋任何有必要的地方派遣美国特遣部队。

"彩虹5号"着重横渡大西洋的作战，设想在东大西洋、非洲和欧洲击败德国和意大利的入侵军事行动。

最初，战略策划者们把对日作战的"彩虹2号"和"彩虹3号"作为研究重点，当时假定在一场针对轴心国的两洋战争中，法国和英国在欧洲会坚定不移地对抗德国和意大利，那么美国就能腾出手来在亚洲跟日本较量。可是，1940年6月法国在德国猛攻之下很快投降了，联合计划人员便把注意力转到了"彩虹4号"上。由于英国多次坚定地表示不顾法国的失败而继续战斗，他们又把目光转向制定的"彩虹5号"计划上。

由于美国的城市和工业大都集中在大西洋海岸，美国必须首先集中力量对付大西洋彼岸的敌人。而大西洋彼岸的德国似乎更具威胁性，也更难对付。因此，战略策划者们认为，在一场两洋战争中，美国必须采取"欧洲第一"战略，对日本只能暂时采取守势，直到大西洋彼岸的威胁完全消除，美国军队才可以放心大胆地把大部分力量转向太平洋。

于是，美国的战略家们绞尽脑汁地完善"彩虹5号"计划，并取消了"彩虹2号"和"彩虹3号"计划。

美国纽约街头游行的队伍

1941年1月到3月，美英两国参谋部代表在华盛顿举行会议，共同磋商和协调了全球战略，达成协议："双方一致认为德国是轴心国的主要成员，大西洋和欧洲战场是决定性的战场"，"如果日本参战，我们在远东的军事战略将是防御性的。"

为了加强美国在大西洋的海上兵力，海军部组建了大西洋舰队，还把3艘战列舰、1艘"约克城"号航空母舰、4艘巡洋舰、2艘驱逐舰从太平洋调往大西洋。在太平洋地区，美国只是想震慑日本，把驻珍珠港的舰队编为太平洋舰队，主要是构建缓冲地带，而将驻菲律宾的一支有限的海军部队改称为"亚洲舰队"。

美国战略方向和战略重心的大转移，造成太平洋军事力量对比

美国"约克城"号航空母舰

失衡。到日本袭击珍珠港之前，美国在太平洋的两支舰队舰艇兵力的总和同日本海军相比，都明显居于劣势。

太平洋舰队的实力被大大削弱，这使1941年2月才走马上任的太平洋舰队司令金梅尔焦虑不安。他大发牢骚，抱怨"太平洋舰队的海上兵力不足"，"随着近来许多最现代化和最有战斗力的分遣舰队被相继调出，留下来的舰队能否完成可能被分配的任务就值得怀疑了。"

1941年7月，美国陆海军联合委员会预感到与日本开战将不可避免，决定在菲律宾成立远东陆军司令部，任命道格拉斯·麦克阿瑟为司令，统管该地的陆军和空军。驻菲律宾的亚洲舰队辖有3艘巡洋舰、13艘驱逐舰、29艘潜艇以及其他小型舰艇若干，除了一部分潜艇是新造的，其他舰艇都较陈旧，战斗力极其有限。

英国在亚太地区的防御力量也很薄弱。马来亚和新加坡是英国的殖民地。英国为了防范日本，在新加坡设立了远东司令部，统一指挥马来半岛、缅甸和中国香港等地的英联邦军队。1941年，日本企图南进的迹象日益明显，驻守新加坡、马来亚、缅甸和中国香港的英军深感防御力量薄弱，纷纷要求增兵。但英国这时已把主要兵力投入欧洲和北非战场，无力增加远东的防御。丘吉尔多次提出希望美国派遣舰队进驻新加坡的要求，均被罗斯福总统拒绝。

8月，远东地区战云密布，面对日本海军咄咄逼人之势，英国皇家海军部才决定派出1艘航空母舰和6艘主力舰只来太平洋地区。

麦克阿瑟（右）与菲律宾总统奎松

但是，由于保卫英吉利海峡的需要，拟议中的调动计划迟迟未能付诸实施。直到两个月后，在丘吉尔出面干预下，英国海军部才不得不派出"无敌"号航空母舰、"威尔士亲王"号战列舰、"反击"号战列巡洋舰，在新任远东舰队司令菲利普斯的率领下开赴远东。

★菲利普斯的盲目自信

为确保马来亚、新加坡等殖民地的防务，丘吉尔挑选汤姆·菲利普斯指挥特混舰队——这并不是一个最明智的任命，因为菲利普斯长期待在海军部，缺乏近期的远洋航行经验。他身材矮小，在担任海军副参谋长时落了个"大拇指汤姆"的诨名。他当过舰上的枪炮长,在海军里有"小拿破仑"之称,其强烈信念是"轰炸机不是战列舰的对手"。

丘吉尔认为,必须派遣一支军队前往远东"去威慑日本",而菲利普斯过于相信飞机不会对战列舰构成威胁,在"威尔士亲王"号战列舰离开的时候,就有人指出英美在新加坡和夏威夷驻扎的舰队所面临的危险,"两个地方单独的海军力量都比不上日本海军。假如日本人行动迅速,动用大规模的空军袭击,这里就有发生一级灾难的危险。"

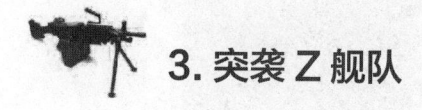

3. 突袭Z舰队

不幸的是,原来派出载有70多架舰载机的"无敌"号航空母舰,途中不慎触礁,只得返回基地维修。这样,以"威尔士亲王"号战列舰和"反击"号战列巡洋舰为主力的远东舰队便失去了强大的空中掩护,菲利普斯只有靠新加坡的岸基飞机掩护进行海上作战。

12月3日,菲利普斯到达新加坡。这时,新加坡的英国军舰共有:1艘战列舰和1艘战列巡洋舰、3艘巡洋舰、4艘驱逐舰、2艘炮舰和2艘辅助巡洋舰。另有1艘巡洋舰、5艘驱逐舰和2艘潜艇

经典 全景二战丛书 巴丹半岛拉锯战

丘吉尔在"威尔士亲王"号战列舰上

正在改装与修理。

在日军进攻之前，英联邦部署在马来亚和新加坡的陆军部队共8.8万人，其中英军1.9万人，澳大利亚军1.5万人、印度军3.7万人、马来亚军1.7万人，其装备训练均较差。空军部队只有158架飞机，而且机型多较陈旧。

荷兰由于本土已被德军占领，无力增强荷属东印度的防御，在太平洋地区仅有几艘轻巡洋舰以下的水面舰只和潜艇，其作战能力更是可想而知。

英美荷已经无力保护亚太的殖民地，日本却磨刀霍霍。在东南亚的兵力部署，就海上力量而言，美英荷等同盟国的海上力量，虽然在军舰数量上与日本相差不大，但在舰艇质量上却大不一样。同盟国方面的军舰大部较陈旧，而日本的军舰有许多是较新的，装备较好，航速较高。在战列舰中，唯有英国"威尔士亲王"号战列舰可与日本战列舰相媲美。

差距最大的是关键性舰种——航空母舰，同盟国与日本之比为3∶10，日本大占优势。在"先欧后亚"战略方针指导下，美、英、荷、澳等同盟国部署在东南亚的陆军兵力也不多，都加起来不过30.6万人（当地部队未包括在内），646架飞机。

日本投入亚太作战的陆军兵力为11个师，其作战部队为25万人，连同后勤部队，共约40万人。从数字上看，日军不占多大优势。但是，英、美、荷等国的军队基本上是分兵把守，各自为战，而日军可逐次集中优势兵力，举其全力进攻一地或二地，得手后再转移战场，各个击破当地守军。这样一来，日军每战皆可造成数量上的巨大优势，保证其战略进攻顺利展开。

在航空兵力方面，日军为进攻东南亚而抽调6个航空队，共700余架飞机。此外，还派第11航空舰队所属的480余架海军岸基飞机予以加强。与盟军646架飞机相比，日军显然占有很大优势。

日军在航空兵力方面的优势，还不光体现在数量上。同盟国方面，除美军在菲律宾配置的35架B-17式远程轰炸机外，其他飞机都较为陈旧，而日军的飞机多半较新，其零式战斗机堪称"二战"初期最优秀的战斗机。

一切准备就绪后，日本人动手了：11月7日7点55分，日本"联合舰队"偷袭珍珠港。

几乎同时，日本陆军第25集团军司令山下奉文下令："以最快速度攻占马来亚和新加坡，消灭英国在远东的军事力量。"日军对马来半岛的进攻兵分两路：一路是在太平洋战争爆发之前已经进入越南的近卫师，从陆上进入泰国，协同第15集团军占领曼谷后，沿马来半岛南下；另一路是第5师、第18师，分批从海上登陆，直扑马来半岛。

在倾盆大雨和惊涛骇浪中，5000多名日军中的第一批开始在猛烈的交叉火力的掩护下登岸。两个小时后，日本人控制了第一个入侵的滩头堡。

日本分兵偷袭珍珠港、进入英国殖民地马来亚，让丘吉尔和罗斯福相当恼火。二人通电话时，丘吉尔问："总统先生，日本是怎么回事？"罗斯福回答道："他们袭击了珍珠港。我们现在风雨同舟了。"

当日本进攻的消息传到全世界的时候，美国控制下的关岛也挨了炸弹，守岛的500多名水手和海军陆战队员没有其他武器，只有机关枪和手枪。炸弹摧毁了海军陆战队的兵营，停泊在阿皮亚港的"企鹅"号辅助巡洋舰被炸沉。

日本人没忘记威克岛，36架轰炸机穿过暴风雨，飞去轰炸太平洋上防守最严密的珊瑚岛。由于没有雷达，守岛部队接到警报只剩下15秒钟，高射炮手和最近由"企业"号航空母舰运来的战斗机在轰炸前来不及应战，结果有7架宝贵的战斗机被炸毁，巨大的储油库着火燃烧，12名海军陆战队员丧生。当日本人往回走的时候，一名海军陆战队员注意到："每架飞机上的飞行员咧着嘴笑。每个飞行员摇动着机翼，显示胜利。"

日本人的动作太迅猛了，英美来不及调兵——唯一能争取时间的便是由两艘大型主力舰和4艘驱逐舰组成的特混Z舰队，指挥官是菲利普斯。

12月8日黄昏时分，马来半岛北部海域，海面上浓云笼罩，阴雨连绵，四周海天一色，一片黑暗。在"威尔士亲王"号战列舰上，两艘英国主要战舰的舰长和Z舰队的参谋官们一起开会。在这次会议上，面色苍白的菲利普斯必须决定采取什么行动来回答海军部的来电："日本远征军可能要大规模登陆马来半岛。根据这种估计，报告海军或空军可采取什么行动。"

混乱的情报纷至沓来，使菲利普斯对整个形势没有明确的了解。据估计，日本人已经登陆成功，入侵马来亚和泰国的日本舰队只有两艘战列舰护航。

在热得像蒸笼的指挥舱里，菲利普斯大汗淋漓。他意识到，他的威慑使命已告失败。他不愿意让Z舰队停在港口内成为敌机炸弹的轰炸目标。当夜，菲利普斯率领"威尔士亲王"号战列舰和"反击"号战列巡洋舰，在4艘驱逐舰护卫下，以18节的巡航速度劈波斩浪，向北急驶，直指位于马来半岛北部的宋卡。菲利普斯收到电报："日军企图在马来半岛北部的宋卡地区大批登陆。"他此行就

"企业"号航空母舰

是想找日本人好好打一架。

菲利普斯正在行进途中,又收到电报:"确切报告,敌人是在马来半岛中部的关丹登陆。"其实,这是一则未被证实的消息,后来证明是一场虚惊。原来是水牛踩响了埋在海滩上的地雷,防守的英军吓坏了,到处发电"日军登陆了"。但是,菲利普斯相信敌人肯定已经在马来亚海岸的半中腰开始发动第二次大规模入侵,要想使已经在北面投入战斗的英国部队不被切断,必须紧急进行干预。

也许是太相信自己的战友了,菲利普斯急匆匆赶往关丹,并让无线电静默——以免被日本人发现。

"威尔士亲王"号战列舰上的官兵听到他们要参加战斗的消息,情绪高涨起来。一小时以后,日本海军伊–58号潜艇艇长发现了"反击"号战列巡洋舰,就拍发紧急电报转达到日军指挥部。日本人大喜过望,第22航空战队的飞机迅速起飞。

就在这天晚上,日军主力部队向香港九龙的英军发起了进攻。次日凌晨,日军占领香港——与此同时,日本特种海军登陆部队在关岛强攻登岸,然后迅速推进,仅仅以10人阵亡的代价夺取了关岛。美国死了17人,剩下的500人,包括一支海军医疗护理队,成为日军的第一批俘虏。日本人刚刚出手,就取得了一连串胜利。

菲利普斯赶到关丹后,并没发现日军。他仍然不死心,觉得总部不会毫无根据地给他发这样的电报,很可能日军就在附近某个地方，或者登陆部队已经上岸，那么运送登陆部队的运输舰队应该隐蔽在附近。菲利普斯命令Z舰队掉头向北，继续扩大搜索范围。

12月9日，日军9架侦察机、34架轰炸机和51架鱼雷机分成七八个编队，从越南西贡机场腾空而起，按照日本潜艇提供的情报扑向Z舰队。与昨天的恶劣气候恰恰相反，天空湛蓝，只偶尔有几片白云飘过，海阔天高，能见度好极。机群巡航于3000米上空，在预定海域搜索了一遍又一遍，却没有发现目标。

日军不知道Z舰队已经高速转向东南，扑向关丹了。日本飞机向南搜索，飞到新加坡附近，仍然不见Z舰队的踪影。

"威尔士亲王"号战列舰是第二次世界大战期间英国最先进的战列舰之一

10点15分，日军一架侦察机发出紧急情报："发现敌两艘战列舰，地点在关丹东南40海里，有驱逐舰护航！"因为燃油有限正在返航途中的日军机群接到电报后马上改变航向，纷纷向目标扑去。

菲利普斯命令舰群散开搜索，但是快到中午了，仍然不见日军的踪迹。他终于死了心，便集结舰队，准备返回南边180海里外的新加坡。但是，日本的机群已经扑过来了。

大约11点，舰队上空响起日军机群的轰鸣声，Z舰队要倒霉了！

Z舰队的几百门高炮一齐开火，试图拦截俯冲下来的机群。日本飞机全然不顾，冒着被击中的危险，疯狂地发起攻击。

"反击"号战列巡洋舰高射炮台上监视地平线的雷达发现了前来袭击的第一批敌机的信号脉冲。几分钟以后，瞭望员就看见了这批飞机。舰艇司号员吹起了喇叭，号令水兵进入战斗岗位，扩音器高喊："准备射击！"

11点13分，9架双引擎零式轰炸机迎头猛扑过来。顿时，高射炮组发射的炮弹频频开花。"反击"号战列巡洋舰上的大炮塔此刻不起作用，但每一门高射炮和每一挺机枪，都在对着空中冒着如雨的炮弹和枪弹直压过来的日军飞机吐着愤怒的火舌。

"瞧，他们来了！"当这些日军飞机轰隆隆地低空掠过头顶，9颗炸弹摇摇晃晃往下掉的时候，"反击"号战列巡洋舰的一位炮手喊道。

随后，这艘大型战列巡洋舰像一艘驱逐舰那样迅速作出反应，转满舵，以24节的速度，穿过小山一样高的水柱仓皇逃走。它除了机库甲板挨了一击以外，没有受到其他的损害。它用信号向前面的旗舰报告："战斗力没有削弱。"替它护航的驱逐舰上的水兵欢呼起来。

11点30分，"威尔士亲王"号战列舰的雷达发现一队鱼雷轰炸机从右舷地平线上空飞过来。它们首先陡直上升，不顾危险地钻进附近的一块云层。后来，水兵们好像等了很久，才见它们三三两两地俯冲下来，配合默契地轮番进攻。它们穿过弹幕，直逼英国军舰，一架轰炸机被击中，像一团火球似的栽进海里，另外一些轰炸机的机翼和机身明显中弹。

在军舰桅杆的高度上，日本轰炸机扔下一批鱼雷。"威尔士亲王"号战列舰和"反击"号战列巡洋舰迅速分开，转满舵劈浪而

"反击"号战列巡洋舰

逃，时速几乎达到 30 节，军舰的艏部完全埋在浪花里。

日本人致命的长矛式氧动力鱼雷没有击中"反击"号战列巡洋舰，嘶嘶地从它身边飞了过去。但是，"威尔士亲王"号战列舰舰长利奇下令转舵，晚了致命的几分之一秒。两起爆炸撕裂了船尾，操舵失灵了，左侧螺旋桨轴被炸开，汽轮机失去负载，散了架，呛人的蒸汽撒满左侧轮机舱，海水从尾部洞口猛往里灌。

"威尔士亲王"号战列舰的速度逐渐减慢下来，毫无办法地兜着圈子。"反击"号战列巡洋舰舰长坦南特询问损失情况，却得不到回答。在信号兵证实这艘旗舰没有请求提供战斗机掩护以后，他打破无线电静默，紧急报告"敌机正在袭击，请驻新加坡的英国皇家空军支援。"

新加坡机场的飞行员听到呼救，争先恐后地登上飞机座舱，但只能出动 6 架布鲁斯特水牛式飞机。它们飞到 130 海里以外的地方参加一场双方力量悬殊的空战，需要一个多小时。

日军轰炸机带着尖锐的呼啸声扑下来，炸弹和鱼雷集中攻击没有受伤的"反击"号战列巡洋舰。这艘战列巡洋舰躲避着投在附近的炸弹掀起的水柱，溅起的海浪泼在滚烫的炮管上，腾起团团烟雾。

坦南特判断准确，使战舰在敌机发起的另一次低空袭击时没有受到损伤。"感谢上帝，我们到现在为止一共躲过了 17 发鱼雷！"他向瘫痪的旗舰报告，然而没有收到回答。"威尔士亲王"号战列舰的弹幕射击开始发颤，显然，它的动力快完了。

"威尔士亲王"号战列舰已经构不成威胁了。日本轰炸机接着对"反击"号战列巡洋舰进行了袭击，好像把它架在一副"铁砧"上，狠敲猛打，鱼雷直扑舰艏两边浪花四溅的海水里。"小心鱼雷！"扩音器响彻全舰，只过了几秒钟，就发生了一阵大爆炸。

来自舱底下的报告使人毫不怀疑"反击"号战列巡洋舰就要完蛋了。海水从船体上被炸开的洞口灌了进来。尽管它还能以15节的速度前进，但坦南特已经做好了放弃这艘军舰的准备。救生圈从倾斜的顶部解了下来，甲板上硝烟弥漫，横七竖八地躺满了伤兵，挤满了救护队员，水兵们费力地来回奔跑。坦南特靠在驾驶台上，大声喊着："你们打得好，现在各自逃命吧！"

军舰在往下沉，坦南特仍然靠在驾驶台上，任凭翻腾的旋涡把他卷下去。后来靠着救生圈，他奋力游到水面。

"反击"号战列巡洋舰沉没后，日本飞行员的注意力又转向"威尔士亲王"号战列舰，越来越多的炸弹在动弹不得的舰体上爆炸。为了挽救这条军舰，利奇和他的水手进行了一场不可能取胜的战斗。"快速"号驱逐舰靠拢过来供给电力和救走伤员。

已经发了电报，要新加坡派来拖船，可是这艘大型战列舰再也回不了港口。13点左右，"威尔士亲王"号战列舰开始沉没。人们听见利奇高喊："再见，感谢你们，祝你们胜利。上帝保佑你们。"20分钟后，"威尔士亲王"号战列舰翻倒了，差一点压翻了甲板上挤满了幸存者的"快速"号驱逐舰。

等英国皇家空军从新加坡赶到现场,日本人已经撤退了。英国人飞机的速度太慢,追不上最后面的日本轰炸机,不能起任何作用,只好在那些死里逃生的水手头上盘旋。

Z特混舰队覆灭的消息,震惊了在新加坡的英军官兵。那天晚上,当幸存的驱逐舰回到新加坡,把2800名死里逃生的水兵送上

"威尔士亲王"号战列舰沉没的瞬间

岸时，英国皇家空军司令在迎接浑身又脏又湿的受了惊的坦南特时说："我的天哪！我希望你不要因此责怪我。我们甚至不知道你们在哪里。"

那天晚上，日本人隆重庆祝了只以损失3架飞机的代价赢得了这场胜利。

温斯顿·丘吉尔得知消息后，一夜没睡着。他在日记里写道："在整个战争中，我从来没有受到比这更直接的打击，当这个可怕的消息压在我的心头时，我痛苦得在床上辗转反侧。"

★丘吉尔曾想调走Z特混舰队

当菲利普斯的Z特混舰队在海上行驶的时候，在伦敦的丘吉尔和他的顾问们举行了会议。他们辩论了一个小时，争论的问题是：日本已经全面开战，正在远东的"手中的唯一关键武器"既然已经失去了威慑作用，该拿它怎么办？

丘吉尔建议将"威尔士亲王"号战列舰和"反击"号战列巡洋舰派去加强美国的太平洋舰队，"以此作为一个高尚的姿态，把英语国家紧密地团结在一起"。也有人建议把这些军舰调回大西洋，加强对德国的防御。大家没有达成一致的意见。据丘吉尔回忆，"鉴于夜已深，会议决定把问题留到第二天解决"。谁知道，在他第二天上午醒来之前，Z特混舰队就遭到了灭顶之灾。

4."吕宋的拿破仑"

此刻,在菲律宾马尼拉饭店的麦克阿瑟也是一夜未眠,不断有电话报告"珍珠港被炸""日军在马来半岛登陆""香港发现日军"等。另外,盟军朋友时不时也会问上一句"你那里没问题吧?"麦克阿瑟很烦躁地回复:"不用担心,有我在马尼拉!"

麦克阿瑟如此自信,也有他的道理,而且符合他一贯的军人性格和气质。他是美军史上最为显赫、最有争议的高级将领之一。他出身名门,有绅士风度,作战勇敢,指挥果断,爱慕虚荣,倔犟顽固。他是典型的美国职业军人,褐色的大眼睛炯炯有神,腰板总是挺得笔直,加上一身剪裁合体的将军服和他那总不离手的玉米棒芯烟斗,总是显得风度翩翩,英气逼人,60多岁的人看上去依然像40来岁的壮年人。

麦克阿瑟一辈子和菲律宾有不解之缘。美国内战爆发第二年(1862年),麦克阿瑟年仅17岁的父亲参军。19岁时,老麦克阿瑟成为最年轻的上校团长。在1898年美西战争中,身为准将旅长的老麦克阿瑟率部攻占马尼拉,声名远播。后来,老麦克阿瑟官拜美国驻菲律宾总督兼任菲律宾美军司令,少将军衔。

菲律宾群岛位于太平洋和南中国海与印度洋的交通要冲,群岛由大大小小7000多个岛屿组成，面积29.97万平方公里，其中吕宋、棉兰老两大岛占群岛总面积的2/3。美国将菲律宾视为向亚洲大陆、特别是向中国扩张并同日本进行争夺的战略要地。老麦克阿瑟身兼菲律宾总督和驻菲律宾美军司令，可谓荣耀之至，风光无限。

虎父无犬子，麦克阿瑟从小受父亲影响，崇尚军人职业，立志在战场上建功立业，报效国家。他19岁考入著名的西点军校。在西点军校，他学习勤奋刻苦，最后于1903年以该校25年来毕业生最高分数毕业。毕业后，年轻的麦克阿瑟踏着父亲"闪光的足迹"

麦克阿瑟与鲁布尔等人合影

来到菲律宾。1917年4月，美国参加第一次世界大战。麦克阿瑟以上校军衔任美军第42师参谋长，参加对德国作战。战争结束时，麦克阿瑟升任该师师长。1919年4月，麦克阿瑟调任西点军校校长，领准将军衔。在西点任职3年后，麦克阿瑟于1922年冬再度回到菲律宾，任马尼拉特区司令。1925年1月，他45岁时晋升为美国当时最年轻的少将，奉调回国，担任第3军军长。1930年8月，他成为美国历史上最年轻的陆军参谋长，也是当时全国唯一的四星上将。

1935年，陆军参谋长任期结束，麦克阿瑟第三度前往菲律宾，接受菲律宾总统奎松（美国国会已经同意菲律宾自选总统）的邀请，担任菲律宾军事顾问。在这次赴菲律宾途中，55岁的他认识了37岁的未婚女子琼·费尔克洛丝，找到了他一生的真爱。1937年，麦克阿瑟退出现役，接受奎松总统授予他的菲律宾陆军元帅军衔，成了大名鼎鼎的"麦帅"。

1941年7月，美日关系日趋紧张，战争危险日益增长。美国认为菲律宾会首当其冲地遭到日本攻击。因为日本如果不攻占菲律宾群岛，就没有向南推进的海空基地和跳板，也不可能保护从日本到东南亚的漫长运输线。

为加强菲律宾的军事力量，罗斯福批准成立远东美国陆军司令部，并令麦克阿瑟复入军界，授陆军中将衔（同年12月授上将衔），让他统辖远东地区陆军和陆军航空兵部队。

多年来，美国以吕宋岛的马尼拉为中心建成了远东地区最大的空军基地克拉克机场（位于马尼拉西北约80公里处）和最大的海军基地甲米地（位于马尼拉湾）。在盟军遏制日本侵略扩张中，这里的美国海空军力量是除珍珠港的美国太平洋舰队和新加坡的英国远东舰队之外的又一支战略力量。

在麦克阿瑟力争之下，美国驻菲的航空部队和地面部队都得到一定补充，并获得大批武器弹药。麦克阿瑟还在巴丹半岛和马尼拉湾口的科雷希多岛积极构筑工事，计划于1942年2月完成防

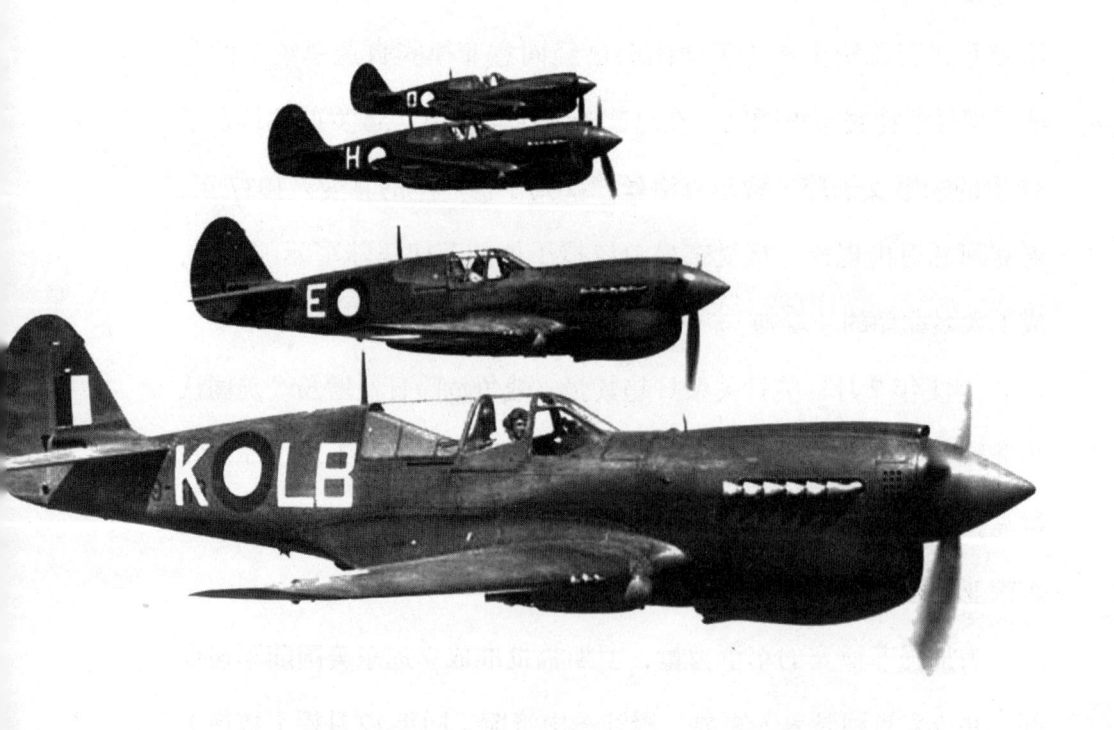

P-40式战斗机

御部署。

战争爆发前,美国部署在菲律宾的陆军为1个师又两个独立团,菲律宾政府组织起10个步兵师。驻菲的亚洲舰队辖有3艘巡洋舰、13艘驱逐舰、30艘潜艇以及其他小型舰艇若干。除了一部分潜艇是新造的,其他舰艇都较陈旧——这支舰队的战斗力有限。

有鉴于此,麦克阿瑟要求华盛顿总部多向菲律宾派些航空兵力,并对被称为"空中堡垒"的B-17重轰炸机表示了特别的兴趣。他认为,在菲律宾部署相当数量的B-17式重轰炸机,不仅可以保护该地免遭日军渡海进攻,也可遏制日军进攻马来地区,在必要时还可使用这种飞机对日本本土进行袭击。

美国陆军参谋长乔治·马歇尔满足了麦克阿瑟的要求,保证给菲律宾调去340架崭新的轰炸机(B-17式和B-24式)和130架崭新的战斗机(P-40式)。

海军部队其实不归麦克阿瑟这位远东美国陆军司令管辖,但美国海军表示全力支持他。海军亚洲舰队司令托马斯·哈特认为潜艇是近海防御的最好打击力量。这一观点和麦克阿瑟不谋而合。

特别使麦克阿瑟信心大增的是,亚洲舰队拥有美国最新研制成功的秘密武器——自导鱼雷。1940年前,亚洲舰队只有6艘老式潜艇,后来随着远东地区紧张形势加剧,陆续得到17艘先进的新式潜艇，使其潜艇总数增加到30艘。其中，12艘最先进的潜艇可以发射磁雷管引爆鱼雷。这种鱼雷发射后可以自动寻找敌舰，而且威力极大，两枚就可以炸毁一艘大型军舰。

有了这样威力无比的秘密武器，麦克阿瑟认为，战争一旦爆发，让他像橙色计划所预定的那样退守巴丹半岛，那未免太消极了。因此，他于1941年10月1日要求修改该计划。

麦克阿瑟声称，轰炸机的到来和亚洲舰队装备新式自导鱼雷的潜艇"改变了亚洲地区防务的整个面貌"，在美国强大海空力量的

美军 B-17 式轰炸机

支援下，他的守卫部队完全可以实施近海防御，在滩头击退任何入侵者，没有必要撤退到巴丹半岛。他断言，日本最早也得到1942年4月才能做好发动进攻的准备。到那时，他的地面部队就可以达到20多万人，只要海空力量得到适当增援和加强，他就完全有信心拒敌人于菲律宾国门之外，若是日本人敢来，在他们还没踏上菲律宾的土地之前，就在海里喂了鱼。

★ 美军的B-17式轰炸机

B-17式轰炸机是第二次世界大战初期美军的主要轰炸机，由波音公司制造，是一个名副其实的"飞行堡垒"。虽然B-17式轰炸机的航程短，但它有较大的载弹量和飞行高度，并且坚固可靠，常常在受重创后仍能"晃晃悠悠"地飞回机场，因此挽救了不少机组成员。

类型：重型轰炸机

成员：10人（5名机枪手）

武器：13×12.7毫米机关枪

载弹量：8吨

长：22.66米

高：5.82米

翼展：31.65米

全重：25吨

发动机：4×1200 马力

航程：2979 公里

巡航速度：273 公里 / 小时

最大速度：483 公里 / 小时

飞行高度：10 667 米

第二章
菲律宾危机

- ★ 日机在几乎毫无抵抗的情况下，摧毁了停在克拉克机场上的全部飞机，其中 B-17 式轰炸机 18 架、P-40 式战斗机 55 架，给予美国远东空军以致命的一击。
- ★ 日本飞行员一个个沮丧地坐在驾驶舱里，提心吊胆地望着天空，唯恐美国的"空中堡垒"突然从云雾中钻出来，把他们连同飞机炸得人仰马翻。
- ★ 美国亚洲舰队司令哈特站在距离基地仅 600 米的司令部，勉强控制住自己没有痛哭，他喃喃自语："我们的潜艇……我们的秘密武器……"
- ★ 船舰列在浅滩上，暴露于正面约 24 公里的敌火炮攻击之下。如果美军懂得利用这个机会的话，日军势将被当成"点心"。

1. 空袭马尼拉

在麦克阿瑟一再要求和乐观情绪的感染下，参谋长联合委员会同意了他的方案。当新任远东陆军航空兵司令刘易斯·布里尔顿带着这个消息并率领第一批35架B-17式"空中堡垒"轰炸机向麦克阿瑟报到时，麦克阿瑟禁不住高兴得像小孩子似的跳起来，紧紧拥抱布里尔顿，拍着他的肩膀说："刘易斯，你像五月的鲜花一样受欢迎。"

日本"山城"号战列舰

但是，麦克阿瑟没有料到，日本人的进攻提前了近半年，他所要求的海空力量要到1942年5月才能全部到位。在日军偷袭珍珠港时，麦克阿瑟所掌握的武装力量只有14万人，其中美军1.9万人、菲律宾军队1.2万人、民兵11万人，108辆轻型坦克。只有150架飞机，其中35架"B-17"式轰炸机、72架P-40式战斗机，剩下的则是老掉牙的菲律宾空军飞机。

可供B-17式轰炸机使用的机场只有一处，即马尼拉西北约80公里的克拉克机场，在棉兰老岛的德尔蒙特虽然也有一个机场，但只能供B-17式轰炸机紧急起降用。在日军进攻前，菲律宾的35架B-17式轰炸机中，有18架在克拉克，17架在德尔蒙特。

麦克阿瑟对华盛顿指挥当局说"这里没问题"，一方面说明他有所准备，另一方面也说明他有基于战略判断失误之上的麻痹轻敌思想。

即便珍珠港遭到偷袭，麦克阿瑟还是不相信日本人会很快进攻菲律宾。他从骨子里蔑视日本人，认为他们没有魄力和能力在西太平洋这样广大的地区同时展开作战行动。

1941年12月8日凌晨5点，麦克阿瑟来到远东司令部办公室，他的助手们已经在那里等他了。他们显得有些不知所措，对当时的局势也不十分清楚，不知道应该如何应对，等着总司令指示。

只有远东陆军航空兵司令布里尔顿提出一个大胆的想法，建议出动克拉克机场的B-17式"空中堡垒"轰炸机轰炸日本控制下的台湾。但是，那天早上，一种致命的麻痹症折磨着麦克阿瑟的指挥部。他的参谋长坚持要做初步侦察，因为飞行员几乎不知道要去轰炸台湾的哪些目标。

清晨5点30分，麦克阿瑟收到华盛顿的一封电报，命令他立即执行"彩虹5号"作战计划，虽然他后来坚持说"我接到的命令明确告诉我不要先对日本人动手"。一系列令人震惊的事态似乎模糊了他的判断。据奎松总统说，这导致他相信"菲律宾仍将保持中立，不会受到日本人的进攻。"

另外一些人指责麦克阿瑟冥顽不化，他不让布里尔顿对台湾进行先发制人的空袭实在令人吃惊，因为哈特司令部的报告已经提供了空袭的理由：日本的舰载机已经开始轰炸菲律宾了。

麦克阿瑟后来否认他曾得知布里尔顿的请求——尽管陆军的档案清楚地记载着他是知道的。麦克阿瑟会责怪他的空军司令没有执行他下达的命令：将克拉克基地上剩下的B-17式轰炸机撤到比较安全的吕宋岛。然而，可以毫不怀疑地说，麦克阿瑟在那天早上没有采取行动是由于他的部队遭受了灾难性的攻击。

假如布里尔顿被准许进行先发制人的空袭，日本轰炸机很有可能还没起飞就成了美国B-17式轰炸机攻击的目标，假如美国空军先下手，将会打乱日本的入侵时间表。

日本大本营的既定作战方针是："在陆海军紧密配合下，对菲律宾和英属马来半岛同时开始作战，争取在短时间内达到作战目的。"

日军战车部队

日军大本营为在50天之内拿下菲律宾首府马尼拉，已经准备好了强大的陆军部队和海军部队。

担任攻占菲律宾的陆军部队是以本间雅晴为司令的第14集团军，下辖第16师团、第48师团和第65旅团，共计5.7万人；配合第14集团军作战的陆军航空兵部队是小英良指挥的陆军第5飞行集团，约200架飞机；担任攻占菲律宾的海军部队是以第3舰队为基干组成的菲律宾部队（指挥官高桥伊望），各种作战舰艇43艘；海军第11航空舰队（陆基，司令冢原二四三），约300架飞机。

上述参战部队已于1941年12月7日之前完成战略展开，分别

为了备战，日本全民皆兵

集结在日本控制下的台湾岛和琉球群岛等前沿阵地。

空袭马尼拉附近的克拉克航空基地是日军进攻菲律宾的序曲。

日军大本营的企图是，以攻占菲律宾马尼拉为主要目标，并力争在进攻马尼拉周围地区的战斗中歼灭美菲主力部队。日军认为，马尼拉是美国在远东的主要海空基地，又是菲律宾的政治、经济中心，占领马尼拉，便可控制菲律宾全境。

在研讨作战计划时，第14集团军参谋长前田正实曾提出不同意见。他回顾1898年美西战争的历史时说，那时美国海军虽然控制了马尼拉湾，陆军占领了马尼拉市，然而战争并未就此结束，由于西班牙军死守巴丹半岛，战争不得不陷入旷日持久的局面。前田正实强调：在马尼拉地区歼敌主力的计划难以实现，应将巴丹半岛作为主要战场，但大本营并未重视他的意见。

大本营对菲律宾的作战计划是：开战伊始，陆海空部队自台湾岛、帛硫岛等方面及海上协同对菲律宾方面空军兵力和舰艇等进行空袭；并以海军部队奇袭巴坦岛（巴士海峡），迅速占领和整修机场；各先遣部队，应在对菲律宾进行第一次袭击的前一日傍晚，从集结地出发，陆海军配合在阿巴利、毕堪、黎牙实比等地登陆，首先占领和整修空军基地，然后尽速占领和乐岛，并整修空军基地；陆海空部队随着上述作战的进展，应把航空基地向前推进，并继续进行航空作战；同时利用其战果，在以第3舰队为骨干的部队掩护下，最迟在作战第15日左右，以第14集团军主力，开始在林加延湾（又称仁牙因湾）附近登陆，以其一部分部队在拉蒙湾附近开始登陆；主力部队登陆后，兵分几路迅速攻占马尼拉，继而占领群岛内的要地。另外，集团军还需派遣1个混成旅进攻吕宋岛，基本达到作战目的后，将第48师作为进攻荷属东印度的部队，集结于马尼拉附近。

本间雅晴等日军指挥官考虑到驻菲的航空兵特别是B-17式重型轰炸机对进攻部队有威胁，因而决定在开战之初首先组织一场航空歼灭战，为登陆输送队的海上航渡和登陆战斗夺取制空权。

空袭美军在菲律宾的重要航空基地克拉克的重任落在了日本海军第11航空舰队肩上。第11航空舰队的参战部队已在台南、高雄等地展开。陆军第5飞行集团主要负责支援陆军的地面作战，该飞行集团在中国东北的齐齐哈尔附近接受训练后，于11月下旬出发，12月进驻中国台湾南部的屏东、潮洲、佳冬等地。12月8日晨，台湾海峡浓雾弥漫，自西向东蔓延。

陆军第5飞行集团的43架轰炸机已经赶在浓雾袭来之前提前起飞南下，而准备按原计划时间起飞的海军第11航空舰队却无法起飞了。同时，日本航空母舰上派出的侦察机也拍来电报说，菲律宾马尼拉地区也是大雾弥漫，能见度不好，轰炸机难以寻找轰炸目标。

大雾使第11航空舰队司令冢原二四三一筹莫展，使他在司令部里焦躁不安，如坐针毡。他判断"远东美国陆军司令麦克阿瑟一

本间雅晴

定已经得到日本偷袭珍珠港的消息了",他担心麦克阿瑟"会派飞机来台湾,先发制人地摧毁这些无法起飞的飞机"。

飞行员们的心情和他们的上司一样,一个个沮丧地坐在驾驶舱里,提心吊胆地望着天空,唯恐美国的 B-17 式"空中堡垒"轰炸机突然从云雾中钻出来,把他们连同飞机炸得人仰马翻。

负责指挥地面作战行动的陆军第 14 集团军司令本间雅晴也是坐立不安。此刻,他正在机场跑道边上来回踱步,望着漫漫大雾,摇头不止。空袭菲律宾的部队还未出师就这么不利，而偷袭珍珠港的舰队已经得手，从海上进攻马来半岛的第一批部队也此时正在山下奉文的率领下分乘20艘运输船浩浩荡荡地杀向马来半岛。唯独他出师不利，如果他不能出奇制胜，首先摧毁美国在菲律宾的空中力量，那么他指挥的登陆作战就无法顺利展开。

可是，这么恶劣的气候使得空袭飞机难以起飞，如果美国飞机先起飞了，那就不能一举消灭美军空中力量了。想到这里，他停下脚步，命令参谋打电话询问气象台，大雾什么时候能够消散？而他的作战参谋们更是急得团团转，一个个仰望苍天暗暗祈祷，云雾快点散开。就在这个时候，麦克阿瑟居然拒绝了属下的建议，没及时轰炸日军。

上午9点，日本海军一架舰载侦察机从菲律宾上空发来电报报告："马尼拉上空出现断云，地面目标清晰可见。"

冢原二四三和本间雅晴接到电报，大喜过望，眼看台湾机场的浓雾也渐渐散去，天空开始明亮起来。

9点15分，冢原二四三一声令下，300架飞机发出刺耳的轰鸣声腾空而起。随后，完成空中编组的几个大机群，飞过波涛滚滚的大海，直向马尼拉的克拉克机场扑去。

位于马尼拉北部136公里处的伊巴机场的雷达最先发现有一批飞机来袭。这批飞机正是云雾前强行起飞的日本陆军第5飞行集团的轰炸机。远东航空兵司令刘易斯·布里尔顿接到报告后立即派出36架P-40式战斗机前去拦截,并命令克拉克机场上的轰炸机全部升空,以免在地面上遭到轰炸。但是,日军这批轰炸机只对吕宋岛北部少数目标进行了轰炸,而且由于浓厚的云雾,其轰炸效果甚微,便匆匆离去。

美军战斗机未与日军战机遭遇,也随即返航。

日军这次小规模空袭促使布里尔顿再次请求对台湾岛进行轰炸,并警告说:"如果克拉克机场遭到袭击,我们就不能再使用它了。"他的要求再次遭到拒绝,总部只允许他派3架侦察机到北部去进行空中侦察。不久,麦克阿瑟本人给布里尔顿打电话说,如果

日本指挥官研究作战方案

侦察机确定了目标，他同意下午发动袭击——但是这一决定为时太晚了，此时日军轰炸机主力编队的196架战机正在渐渐逼近克拉克机场上空。

11点左右，在空中盘旋的B-17式轰炸机陆续返回克拉克机场，3架准备执行侦察任务的侦察机装上了照相设备，有15架轰炸机装上了炸弹，属于伊巴和其他机场的P-40式战斗机也都停在机坪上，进行加油或保养。

在一阵忙碌之后，飞行员大都陆续吃午饭去了，飞机井然有序

日军零式战斗机群

地停摆在机场地面上，机场上空没有一架战斗机进行战斗巡逻，更说不上有空中掩护了。

11点45分，伊巴机场的雷达兵发现荧光屏上显示出大批飞机排成前三角队形，分成几队正在接近昌宋岛。他大吃一惊，立即给远东航空兵司令部空防警报处打电话。该处处长接到报告后，立即给克拉克机场打电话，但线路出了故障，怎么都打不通，又改用电台呼叫，而报务员也都吃午饭去了。

这位处长火冒三丈，命令所有电台都一刻不停地呼叫克拉克机场，但是没有一部电话应答。最后，克拉克机场的一名值班上尉总算吃完饭了。他回到值班室后，拿起了电话听筒，当他听到通报后很快拉响了刺耳的防空警报，但是已经太晚了。

12点25分，克拉克机场上空轰隆隆的飞机马达声和防空警报声几乎同时响起。日军第一波54架轰炸机在35架零式战斗机的掩护下，已经钻出云层，开始对克拉克机场上摆放整齐的飞机进行了轰炸，一枚枚黑灰色的炸弹呼啸着摇曳而下。

空袭警报和飞机轰隆隆的响声使机场上所有的人立即清醒过来。几个反应极快的飞行员飞也似的跑向自己的飞机，爬进机舱，迅速发动引擎，滑过跑道飞上了天。但是动作稍慢一点的，都挨了炸弹。

黑压压的日本飞机从机场上空呼啸而过，扔下一串串的炸弹。大部分飞机根本来不及起飞，成为日本飞机轰炸的死靶子。爆炸声此起彼落，地面腾起股股火球和硝烟。飞机转眼间爆炸起火，一下子就被炸得七零八落。有的日本飞机追逐着四散逃跑的人，开始用机关枪疯狂扫射。那些忙碌着的地勤人员，有的慌慌张张地协助飞行员登机，有的被吓呆了，抱着头蹲在地上，任凭日本飞机扫射和轰炸。

整个袭击持续了约一个小时，日本飞机在几乎毫无抵抗的情况下，摧毁了停在克拉克机场上的全部飞机，其中有18架B-17式轰炸机、55架P-40式战斗机。这次空袭给予美国远东空军以致命的一击。麦克阿瑟赖以防守菲律宾的空中力量在开战第一天便被歼灭过半，日军掌握了入侵菲律宾的制空权。

在随后的几天里，日军空袭不断，美军飞机损失进一步增大。在几近被消耗殆尽之时，麦克阿瑟不得不命令布里尔顿把残余的飞机转移到澳大利亚。最后，布里尔顿率领他最后的4架战斗机离开了菲律宾。

继美军空中力量遭致命打击后，美国海军力量也危在旦夕。

12月10日，日军80多架轰炸机在52架战斗机掩护下，袭击马尼拉湾的甲米地海军基地。

轰炸持续了两个小时，日本飞机实施一轮又一轮地轰炸攻击。一颗颗炸弹闪着红光在军港内掀起一阵阵冲天的巨浪和滚滚浓烟，整个基地地动山摇，到处大火熊熊。

最后，令人担心的情况发生了——大火蔓延到基地弹药库，引

空袭过后的克拉克机场

爆了潜艇部队储存的233枚超级磁性雷管鱼雷。大爆炸导致连环爆炸，使所有的鱼雷都爆炸了，那可怕的场面犹如火山爆发一样让人心惊胆颤。

美国亚洲舰队司令哈特站在距离基地仅600米的司令部——火星人大厦的楼顶上，亲眼目睹了这场浩劫。爆炸的气浪冲得他站不稳身子。他勉强控制住自己没有痛哭出来，喃喃自语道："我们的潜艇……我们的秘密武器……"事后，他向上级报告说："烈火从一边烧向另一边，整个海军造船厂和甲米地港口的1/3区域被大火吞没。"

哈特痛心疾首：他的海军基地被彻底摧毁了，他赖以和日本海军对抗的主要手段——潜艇部队受到了重创（2艘潜艇被炸毁，其中就有新式"海狮"号潜艇，其他5艘受伤），尤其是他手中的王牌——对付日本大型舰只并准备与之进行近海决战的自导鱼雷一下子全报销了。

经过此次空袭，美国海军亚洲舰队元气大伤，麦克阿瑟企图在日军登陆之前对其实施重大打击的近海防御作战计划，像肥皂泡一样破灭了。

★零式战斗机

零式战斗机是太平洋战争中日本海军的主力战斗机。

在战争前期，日本国民并不知道飞机正式名称。报纸，广播等在发表战果的时候，只宣称"海军新锐战斗机"。美军在1942年6月捕获的零式战斗机上，见其机身腋下有零字样，零式战斗机在英语是Zero，后盟国称其为Zero。在战争初期，零式战斗机以爬升率高，转弯半径小，速度快，航程远等特点压倒美军战斗机。

在太平洋战争初期，零式战斗机对盟军飞行部队造成了空前的灾难，给予了盟军最大的打击。战争初期，日军仅有 300 架零式战斗机，其中 250 架投入了太平洋战场，就凭借这区区 250 架零式战斗机，日军在开战后几个月时间把盟军在太平洋地区的战斗机部队消灭了 2/3。

2. 强行登陆菲律宾

日军第 14 集团军司令本间雅晴一上来就向远东美国陆军司令麦克阿瑟连砍两大板斧。第一板斧砍掉了麦克阿瑟的空军，克拉克机场被毁，美国空军损失惨重；第二板斧砍掉了麦克阿瑟的海军，甲米地海军基地被炸，导致美军亚洲舰队无力再抵抗。麦克阿瑟痛失左膀右臂。现在，本间雅晴的第三大板斧又砍下来了，麦克阿瑟还能撑得住吗？

如果麦克阿瑟是个意志薄弱者，他尽可以把那些阴差阳错的重大责任事故推卸得一干二净，可以临阵脱逃，那样的话，他就可能从此从美国军界销声匿迹了，就永远是一个被人抨击的可笑的失败人物。但是，麦克阿瑟不是这样的人，他是一个一生都不服输的硬汉子，倔犟的性格和骨子里的霸气使他在随后的指挥作战中表现出色，虽败犹荣，最终成为一个太平洋战场上不可替代的领军人物，成为一位反日本法西斯的斗士。

本间雅晴的第三大板斧就是迅雷不及掩耳地进行多点强行登陆。

就在日军飞机袭击甲米地海军基地的当天，第 14 集团军第 48 师团的田中透支队（以一个团为基干）和菅野支队（以一个营为基干）分别在吕宋岛北部的阿巴利和西海岸的毕堪登陆。

阿巴利是人口约有 26 000 人的港口城市，那儿有一条穿过中央平原通到马尼拉的道路，同时，亦有环绕吕宋岛北部海岸的海路。毕堪位于离马尼拉约 400 公里的阿拉布河口，通有 3 号道路。

阿巴利登陆部队是田中透指挥，由第 48 师团的台湾步兵第 2 联队的 2000 名官兵所组成；进攻毕堪的部队，是台湾步兵联队来的多达 2000 名的菅野支队。高桥所统领的海军援护部队拥有"足

日本"摩耶"号重巡洋舰

柄"号重巡洋舰、"摩耶"号重巡洋舰、2艘驱逐机以及1艘水上飞机航空母舰担任运输任务。

对于攻击战整体来说,这些先遣登陆部队将扮演重要角色。因而,日军使用了他们最高速的运输船。不过,到菲律宾要经过整整3天航行。在这期间内,谁也不敢保证不会被美军发现。

1941年12月8日中午过后,当台湾浓雾消退之时,先遣部队在第50战斗机联队援护之下出发。12月10日早晨,他们在目的地抛锚了。在航海中,他们连一架美军飞机的影子也看不到。

在黎明之前,田中透支队开始从运输船移乘到登陆用的大发动艇。此发动艇的长度为15米,装备有两挺6.35毫米口径机关枪,时速约为15公里,一只艇能够搭载120名兵员。

两个先发步兵中队很简单地登了陆,因为日本人选定的地域,乃是由两个月前刚被动员的菲律宾陆军第11师防卫着,而步兵联队的定员只达到三分之二而已,而且又没有炮兵队以及运输机构,后方各队又未曾被训练。同时,由于防守地域大、广、阔之故,守军只能分兵驻防。

田中透支队一直受到恶劣天气的阻隔。海上刮着强烈的东北风,巨浪滔天,从运输船移乘到登陆用舟艇的作业倍感困难。即使在抵达海岸之间的那一段时间,亦充满了不安与危险。他们偷偷地上岸,当第二梯次部队登陆之后,护送部队指挥官决心把运输船团移动。日本人使船团向东航行32公里,换了个方便上岸的登陆点。

将近黄昏时分，也就是日军在新地点展开登陆作战之时，收到信息的美军轰炸机前往攻击——虽然困难重重，田中透支队还是抢先登陆完毕。

此时，在阿巴利全权指挥的美军军官很没经验。他听说日军已经有两批部队成功登陆，错误地判断田中透支队至少有6000人，因而连一发枪弹也不曾使用就急速地向南后退。在中午过后，田中透支队就占领了阿巴利，并控制了当地的机场。

在毕堪的管野支队亦碰到了与阿巴利相同的问题，由于海浪太大，根本不能展开登陆作战，以致不得不在战斗机的援护之下，再向南航行6公里。他们这里状况要好得多了，前后共有2000名官兵登陆。

到了10点13分，日军被美国侦察机发现。继而5架B-17式轰炸机以及P-35式战斗机飞行中队参加了打击日军的作战。为了占据毕堪，日军迅速展开行动，而美军的空中轰炸也开始了。

美军轰炸机与战斗机无视日军高射炮射击，以低空飞行的方式，展开了激烈的攻击。B-17式轰炸机展开俯冲式轰炸，战斗机则展开必死的枪击。由于B-17式轰炸机的轰炸，日军运输船爆炸了，也由于其冲击，飞行中队指挥官的座机被破坏了。

如此，攻击持续了一天，美军欲阻止日军登陆的决心，使日军的气焰受挫。日军丧失了两只运输船。

第二章 菲律宾危机

然而，由于日本航空队对菲律宾的美军机场展开一连串攻击，实力本来就被削弱的美国空军丧失了不少补给地。在日本人不懈努力下，最终登陆成功。

日军的轰炸机继续挑衅，美国飞机慢慢地只能担任警戒任务了。麦克阿瑟痛心不已，因为他深信只要有稍多一些飞机，就能够把日军完全赶出阿巴利及毕堪。

P-35式战斗机的坐舱内排布着各种电器开关和无线电设备

平安完成登陆的田中透支队，决心向吕宋岛腹地卡凯杨溪谷推进。当北吕宋部队司令乔纳森·温莱特听到日军登陆的消息之时，立刻指挥自己的部队行动，试图牵制日军。

温莱特出生于军人世家。他是麦克阿瑟在西点军校的同学。麦克阿瑟到菲律宾当远东军总司令的时候，温莱特被任命为"菲律宾师"的指挥官，驻防北吕宋。

美国的 B-17 式轰炸机和其飞行员

北吕宋部队司令乔纳森·温莱特正在讲话

即使日军打上门来了,温莱特也丝毫不慌张。因为能行军的只有一条小山路,温莱特认为只要配置小部队,即使日军的数目再多,也足够阻止他们。接着,他又下令菲律宾特别部队的第26骑兵联队派遣侦察汽车到卡凯杨溪谷,试图与菲律宾第11师团展开联络。

另一方面,麦克阿瑟的司令部又下令破坏溪谷内的所有桥梁,以切断山路。

这时,田中透支队正南下,而美军陆军航空队的飞机却在日军前方展开轰炸，把一切看起来似乎是目标的东西破坏殆尽。

在日军前方的美军第12步兵联队第3大队，因为害怕日军切断他们的退路，始终不曾抵抗，极快地撤退到卡凯杨溪谷的南方。田中透部队进入了菲律宾内陆80公里的地方。

远东美陆军认为，田中透、菅野两支部队是负着主力攻击的先遣队任务。因而判断在他们之后，主力部队可能会在某处登陆。由于怀有一种被侵略的恐惧症，菲律宾兵士们认为，日军的意图是登

由于起落架间距较窄导致失事的P-35式战斗机

陆林加延。

翌日，虽然连日军登陆的预兆都没有，然而麦克阿瑟却如此说："敌军试图在林加延登陆，但被菲律宾陆军师团击退了。"后来才知道，日军为了侦察起见，只把自动艇派遣到港湾内部而已。本间雅晴害怕美军突然展开反击，因而他留下一些部队在新占领的飞机场担任警备，把登陆的两个支队合成为一个部队，下令他们绕道朝林加延南下，以便和主力进攻部队会合。

★ P-35 式战斗机

P-35 式战斗机的翼展 12.5 米，全长 8.43 米，全高 2.97 米，空重 2132 公斤，最大起飞重量 3175 公斤，最大速度 2136 公里/时，实用升限 9570 米，航程 1448 公里，武备：2×7.62 毫米机枪。

太平洋战争前，有 48 架 P-35 式战斗机运往菲律宾群岛，以实现当地美国陆军空中力量的现代化。1941 年 12 月 8 日，48 架 P-35 式战斗机参加了抵抗日军入侵的行动，击落了一些俯冲轰炸机，然而在面对成群结队的零式战机时，无论机动性还是火力都处于下风的 P-35 式遭到无情的屠杀。P-35 式战斗机在菲律宾的英勇表现为它的传奇故事画上了句号，这种外形短小的战斗机看起来有点可爱，实际上该机更适合作为电影、新闻和宣传片等大众传媒的素材，而不是拼杀于血雨腥风的空中战场。

3. 日美攻守拼杀战

当田中透、菅野两个支队展开登陆战的时候，另外一个日军支队秘密朝向吕宋岛南端的勒加斯比航行。日军登陆的目的，不仅是欲夺取南部的飞机场，同时也试图控制圣纳帝诺海峡，以防止美军通过此海峡运输增援物资。

此登陆作战的任务落在由木村直树所率领的第 16 师团肩上。此部队由步兵第 23 联队，野炮兵第 22 联队的一个中队，配属工兵部队以及海军第一特别登陆部队 575 名官兵组成。海军第一特别登陆部队有如海军陆战队一般，接受了类似占领海岸桥头堡的特别训练是一支特殊的海军部队。

担当登陆任务的海军部队由高木武雄指挥，包括"那智"号重巡洋舰、"羽黑"号重巡洋舰、"妙高"号重巡洋舰、1 艘轻巡洋舰、7 艘驱逐舰、2 艘水雷敷设舰。为了从空中援护部队及登陆作业起见，"龙骧"号航空母舰也加入登陆行列。

12 月 9 日，运输部队赶上了高木武雄的海军部队，从离开菲律宾 90 海里的外海，"龙骧"号航空母舰所属的飞机就担当了援护的任务。途中，除了遭遇到美国 S-39 号潜水舰之外，并没有任何的意外发生，而这艘潜水舰也被深水炸弹所击退。护送船团接近沿岸时，海军护卫部队一直跟在后面，展开远距离援护。"龙骧"号航空母舰所属的飞机则对勒加斯比一带发动攻击。

这之后不久，日军以步兵第 34 联队带头，其他部队也纷纷登陆。这时他们既没有遇到美军反击，也没有北部登陆部队所经历过的困难，离他们最近的美军也有 130 海里之远。

当美军接到日军登陆的报告之时，他们准备集结足够对抗日军的强大兵力，以便把日军赶回海中。然而，这项计划了了之，因为菲律宾军无法采取如此迅速的行动。

南吕宋岛四周被 5 个海湾包围，海岸全长 400 公里，这些都非常有利于登陆。菲律宾军派遣第 41 师、第 51 师团担任此地域的防卫任务。不过，这些部队的装备都相当简陋，几乎所有的步兵联队都还未完成训练，甚至有些联队根本不曾受过训练。

在这种状态之下，美军唯一可采取的行动，就是把艾伯特·强斯统领的第 51 师派遣到南部，尽量地破坏道路及桥梁。

为了使进攻勒加斯比的日军迟缓下来，菲律宾工兵展开了破坏桥梁工作。而美军好不容易集拢了 5 架 B-17 式轰炸机，下令它们攻击停泊于勒加斯比外海的日军舰船。想不到这些轰炸机反遭日本战斗机的反击，只有一架飞回基地。

强斯的部队还是迟了一步，日军成功登陆了勒加斯比。

5 天之后，日军才首次遇到障碍。菲律宾人把所有桥梁都破坏了，然后才撤退。日军行进到北考尔半岛地区，北端急速地变狭窄，在某一个地点，宽度甚至只有11公里。

强斯把第52步兵联队及第一大队的两个中队当成前哨，配置于这个地域。这么一来，日军很难突破。

不过，南部日军一连串的作战并非以支援北部的战斗为目的，而是以建造前进基地，以便使第16军团进出东南亚为目的。同时，也想使这些岛屿从南方的盟军手中孤立，以期盟军的物资供应转为困难。

日军先遣部队登陆后，分别夺取了当地机场，为日军航空兵转场、推进近距离地面支援作战创造了条件，也为向马尼拉方向分进合击制造了有利态势。

尽管吕宋岛北部的阿巴利、毕堪和南部的勒加斯比均出现了日军，但麦克阿瑟依然认为，日本人兵分三路小规模的登陆行动，不过是掩护即将到来的主力登陆行动的牵制性攻击。因此，他除了派小部队与之周旋外，主力部队按兵不动，准备对付日军主力大规模的登陆行动。

当时麦克阿瑟把他的陆军部队分成几个集团，分别防御菲律宾群岛的几个不同地区，准备实施滩头防御。它们分别是：

乔纳森·温莱特指挥的北吕宋部队（被视为最精锐，最有战斗力的部队）负责防守：阿巴利、维甘滩头阵地；最有可能成为日军主力登陆地区的马尼拉西北177公里的林加延湾海岸；最有可能发生大规模战斗的中央平原地区；作为美军一旦撤退的防御阵地巴丹半岛。

艾伯特·琼斯指挥南吕宋的部队,负责控制巴丹到黎牙实比的海岸。

乔治·帕克指挥卢塞纳的部队,负责防守比科尔半岛。

切诺·韦恩指挥米沙鄢的部队,负责防守中部岛屿。

威廉·夏普指挥棉兰老的部队,负责该岛的全部防务。

这时,远东空军已被摧毁,"亚洲舰队"也实力不济,制空权和制海权已经落入日军之手。在失去了赖以实施近海防御重要支柱

在菲律宾的麦克阿瑟

情况下，麦克阿瑟仍旧抱着他的滩头决战方案不放。他认为作战才刚刚开始，按照美国多年拟制的橙色计划，美国本土的援军很快就会到来。他期待着奇迹发生。

事实上，罗斯福和陆军参谋长马歇尔也都亲自发电报说"正在组织援兵"。但是，麦克阿瑟所盼望的一切救援不久就成了泡影。12月中旬，海军作战部长因为担心日军舰队拦击，取消了海军一切援助菲律宾的计划。

海上支援和海上补给没有指望了，被围困的菲律宾守军只有靠自己硬撑下去了。跟麦克阿瑟同样郁闷的，还有在新加坡的英国指挥官珀西瓦尔——日本人疯狂推进，英国守军面临着崩盘的危险。而此刻，英国首相丘吉尔与美国总统罗斯福正在开会协商，两人为了先对付德国还是日本的问题纠缠了很久——整个太平洋上失败的消息纷至沓来：威克岛也陷落了，日军已经前进到离马尼拉不到161公里的地方。

马尼拉是菲律宾首都。在平时，马尼拉的人口约有200万左右，是一座颇有朝气的国际都市。如今，马尼拉市民却为空袭所苦。能够逃走的人都溜之大吉了，暂时不能离开工作岗位的人，则尽快地使家人离开这一座战云密布的都市。

和其他亚洲大都市一样，马尼拉每平方公里土地上拥挤着好几万人。日军的轰炸机时不时光临。

美国及菲律宾的高射炮手，对于高空飞行的轰炸机只能够展开效果有限的反击。只有那些无谋的飞行员或勇敢的飞行员试图低飞之时，才会偶然被他们击落。每到这时，中国人、菲律宾人及欧洲人等，都会对燃烧着坠落的日本飞机爆出欢呼之声。

马尼拉似乎还过着日常的生活：商店照常营业，剧场及电影院也照常营业；菲律宾中产家庭的主妇们依然从店铺购物，并一直在讨价还价；从近郊把农作物运往市场的菲律宾人，看起来还是那样幽默健谈；马尼拉交响乐团照常开演奏会；广播电台也没有停业。家家户户的收音机传出了如泣如诉的东方音乐、热闹的爵士乐、各种的娱乐节目以及稍为夸大的战争新闻。商业区及政府机关都照常营业及办公。

据菲律宾政府的发言人说，该国民众的士气相当高昂。然而，

马尼拉一座被炸毁的桥梁

这只是表面上的状态而已。马尼拉市长巴尔卡斯担心日本人真的打过来了,向奎松总统叙述他的意见,而奎松则要求麦克阿瑟协助。

麦克阿瑟害怕日军空袭马尼拉会促使菲律宾人掀起排斥美国人的运动,因而急速与华盛顿总部联络。那时,罗斯福批准了2000万比索的对菲援助金。这些援助金也包括了建设预防设施以及收容丧失家园者的费用。

报纸报道日军部队又准备大规模登陆了,同时也描写美军及菲律宾兵士如何与日军周旋——时至如今,麦克阿瑟不得不承认,过去他所组织和训练已达6年之久的马尼拉市民兵,根本就无法抵挡势如破竹的日军。

日本大规模登陆部队由强大的海军(以第三舰队为基干)护卫着。此机动部队分成3个运输船队出航,各自有着自己的护卫。只有极少数的人知道目的地。从兵员们搭上运输船之后,他们就不许看地图,因而大家都显得局促不安。与护送船队一起出发的本间雅晴与幕僚们亦感觉到极大不安。

12月17日,第一运输船队驶出了台湾岛的基隆港,第二运输船队则于19日中午驶出了澎湖岛的马公港,当晚,第三运输船团又驶出了高雄港。

除了实际同行的海军护卫舰队之外,还有2艘轻巡洋舰、16艘驱逐舰、多数的鱼雷艇、水雷敷设艇以及警戒艇护送着这些远征队。同时,曾经护卫过马来半岛登陆部队的第二舰队,也加入了护

护送登陆部队的日本海军第三舰队

卫行列。

地面战斗部队的主力为土桥勇逸的第 48 师团，以台湾步兵第一联队、第二联队为中心，并由步兵第 42 联队、炮兵、侦察、技术、运输等其他的后方部队所组成。根据攻击计划，各护送部队被赋予了自己的任务，将分别登陆到林加延湾 3 个不同的地点。

为了这一次的登陆，日军还调用了将近 200 艘登陆用的舟艇。

选择为登陆的地点是被海及山所包围的带状地形——吕宋主要干线之一的3号道路沿着此带状地带蔓延着,此地域不仅有3号道路,还有很多通过中央平原抵达马尼拉的道路。攻击部队一旦登陆了之后,即可以不必等待集结,迅速向内陆进攻。加上之前登陆的3支小部队在美菲守军背后捣乱,这么一来,日军几处开战,让美国人防不胜防。

各运输船队担心行动被发觉,同时,也是为了使美军判断混乱。他们先向西南航行,装出像要航行到越南的模样,然后,又把航路改变。其实,此举是不需要的,因为在航海中,他们根本就没有遇到美军的舰船及飞机。这时成为日军障碍的只有南海的台风。

日军深信在航空兵力方面占优势,因而,没有派遣飞机担任空中护卫。到了12月21日,第24战斗机战队、第50战斗机战队的飞机始往迎接他们。

当夜,运输船队的先遣部队已经在林加延湾抛锚了。在这之前,大部队都顺利地行进着。然而,不久之后,令他们想象不到的事情发生了。本来各护送船队的指挥官事先就接到了警告,别在目标附近抛锚,然而由于黑暗无法判断距离,以致弄错了抛锚位置。这么一来,登陆用舟艇将必需航行很长的距离,因而大有遭受到炮火攻击的危险。

由于林加延湾一带海浪很大,登陆用舟艇难于接岸。虽是如此,日军登陆作业依然照预定进行:5点17分,最初的舟艇群到达了海岸；5点30分，台湾步兵第一联队及山炮兵第48联队第3大队的主力完成了登陆；两个小时之后，上岛支队上岸后开始集结，支队的残余部分则在4公里以南登陆。

这些登陆的官兵都湿透了。由于联络用的装置浸水再也无法使用，因而在运输船司令部内的本间雅晴完全不知道事态的发展。而且，由于天气太坏，船与船之间无法展开联络。

虽然条件恶劣，日军还是登陆了。

船舰列在浅滩上，暴露于正面约24公里的美军火炮攻击之下。如果美军利用这个机会的话，日军势将被当成"点心"。另一方面，

美军的防御部队

由于通信中断，本间雅晴完全不知道部队的行动。如果日军登陆部队在海中挣扎之时，遭受美军反击的话，后果将不堪设想。想到这一点，他就会全身战抖起来。

麦克阿瑟知道日军随时随地都可能登陆。他对日军最可能登陆的地点，很早就仔细地巡查过了。然而，美军的抵抗仍是微不足道的。

★日本"龙骧"号航空母舰

"龙骧"号航空母舰由横滨造船厂建造，舰桥是在甲板下方横穿而过的。它虽然排水量不大，却能够容纳30架飞机，一般用来

"龙骧"号航空母舰

支援登陆作战。建造时的想法是填充受条约限制所剩余的吨位，故该航空母舰的设计并不成功。由巡洋舰的舰体建造，原设计是建成单层机库，但在建造中改为双层机库。该航空母舰建成后存在武器较弱、稳定性差和超载等问题。在服役后，马上进行了改装，包括加强舰体结构，减少大型防空炮数量。它改装后的状态是：满载排水量13 650吨，主尺度175.4×20.7×7米，编制924人，武器为4座双127毫米两用炮，4座双25毫米炮，24门13毫米炮。搭载37架飞机。前甲板升高。在第二次世界大战中，它还增加了更多的防空炮。

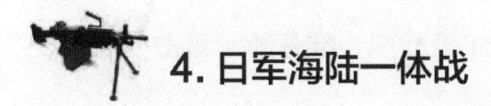

4. 日军海陆一体战

美军已经没有重型轰炸机了。远东美国陆军情报部一连几天都高度紧张，坏消息接连传来："12月18日，发现日军的大护送船队正朝向菲律宾南部航行；20日早晨，美国海军于林加延湾之北64公里处发现了日军的大护送船队。20日，驻留于附近的部队始获得警报，敌军已经逼近。"

直到12月22日傍晚，正在林加延湾附近巡逻的美国亚洲舰队的"鱼"号潜艇艇长从潜望镜里发现，远处海面上有缕缕黑烟，绵延逶迤几十公里长，正在杀气腾腾地逼近林加延湾。

"这一定是日军登陆船队，日本人的大队人马来了！"艇长吓得闭上了眼睛，慌忙向基地发报："发现敌人入侵舰队。"同时，他命令潜艇迅速下潜，一动不动地潜伏在海底，眼睁睁地看着敌人舰队从头顶上大摇大摆地通过。事后，这位胆小如鼠的艇长被撤职。

驶向林加延湾的船队，正是麦克阿瑟预料中的日军大规模登陆作战主力部队——本间雅晴亲率日军第14集团军登陆主力5万余人，分乘80艘运输舰，从日占的台湾高雄港、基隆港、马公港等港口起航，浩浩荡荡地驶向菲律宾。经过5天航行，他们已经抵达马尼拉西北195海里处的林加延湾海面。为了掩护运输舰队安全抵达登陆地，日本动用了庞大的海空作战力量，天上有陆军第5飞行集团和海军第11航空舰队的飞机巡逻，海面上有第3舰队司令高桥伊望亲自指挥的40多艘战舰，准备随时痛击可能出现的美军舰只。

林加延湾位于吕宋岛西海岸的蜂腰处。港湾被两侧陆地拥抱，通常是风平浪静，而且这里海滩平缓而宽阔，无险可据，易攻难守。内陆是菲律宾群岛少见的一片开阔平原，便于坦克和其他战斗车辆纵横驰骋，发挥其最佳作战效能，可以说这一地区是最理想的登陆地点。

麦克阿瑟早已预料到这里必定是日军发起登陆作战的主战场，因此在这里部署了2个师的兵力来防守——可惜大意的美菲守军根本没想到日本人会来得如此之快。等"鱼"号潜艇艇长发现了大规模的敌人已经抢占了滩头阵地，才慌忙汇报给亚洲舰队的潜艇部队司令约翰·威克斯。威克斯一惊之下非同小可，赶紧派出6艘潜艇前去迎敌。

美军潜艇赶到林加延湾时，日军舰队已经安然驶入海湾，并且在海湾入口处布设了严密的驱逐舰警戒线。美军潜艇向日军驱逐舰发动鱼雷攻击，但是没有击中目标。日军发现水下有敌情，便施放深水炸弹。美军5艘潜艇慌忙潜逃。只有"海狼"号潜艇单枪匹马成功地潜入港口，勇敢地击沉了日军停在锚地的一艘大型运兵船，引发的大爆炸给日军登陆部队制造了一点麻烦和损失。在尔后几天里，几艘潜艇在强大的日本舰队面前没有任何作为。有鉴于此，海军司令哈特命令潜艇部队撤离菲律宾。潜艇部队只好饮恨乘潜艇离马尼拉而去。

靠潜艇保卫菲律宾的计划就这样完全破产了。麦克阿瑟连最后一点指望也没有了。但是，他没有被气势汹汹的日军所吓倒。他决定靠他的陆军与敌人死打硬拼——就算敌人抢滩成功，也不一定能顺利推进。

12月23日凌晨，温莱特指挥的北吕宋部队赶到在林加延湾滩头阻击日军。该部队有4个师，计2.8万人。为避免美军官兵伤亡过大，温莱特把菲律宾第11师和第17师部署在最前边。

菲律宾部队装备低劣，缺乏训练，有些人甚至连手中的老式恩菲尔德步枪都不会使用，结果一触即溃，2个师的兵力和阵地迅速土崩瓦解。有些菲律宾士兵面对训练有素、猛打猛冲的日本兵，吓得丢下手里的步枪哇哇乱叫地拼命逃窜，任凭美国军官挥舞着手枪怎么大声恫吓都无济于事。

兵败如山倒，最后连美军指挥官也退却了。只有由菲律宾童子军组成的第26骑兵团进行了顽强抵抗，把日本人的进攻迟滞了几个小时。

温莱特又气又急，把美军部队拉上去。可是，用武士道精神训练出来的日本兵如同野兽一般，吼叫着口号，冒着弹雨，越过刚刚倒下的同伴们的尸体，不停地前进冲击，个别畏惧不前的士兵，立即被督战的指挥官挥刀砍死。

多年没有打过仗的美军官兵哪里见过这种阵势，自然也不是日本人的对手。美军没能顶住日军的攻势，只得且战且退。由于步兵后撤，炮兵阵地便暴露在日军坦克面前了。温莱特无计可施，不得不主动撤退，把炮兵撤到阿格诺河后侧，重新部署防线。

23日一整天，日军后续部队接连上岸。在巩固了滩头阵地后，本间雅晴在巴万登陆，并在该地设立战斗指挥部，命令先头部队向吕宋岛腹地推进，以便与正在向南推进的菅野支队会合，然后合兵一处，继续向南进攻马尼拉。

一天，麦克阿瑟乘坐吉普车巡视了林加延前线，亲眼目睹了被温莱特称为"一群乌合之众"的菲律宾部队被日军打得兵败如山倒的情形。但是，他强烈的自尊心使他不愿意放弃滩头防御计

美军正在开炮

划，不愿意像橙色计划所预定的那样退守巴丹半岛。从前线回到司令部以后，他立刻向陆军部紧急要求增派轰炸机和战斗机阻击日军向马尼拉推进，并且希望海军运来更多的增援部队和补给。但是这些要求一项也没有得到明确的答复。他心急如焚，向华盛顿连续发出警告：除非有援军及时到达，否则整个西太平洋都将落入日军之手。

当时麦克阿瑟还不知道，美英两国首脑正在华盛顿召开代号为"阿卡迪亚"的战略协调会议，会上确定了"先欧后亚、欧洲第一"的战略指导方针，决心首先集中力量打败德国。在此之前，太平洋战场以现有力量钳制日本进攻，在万不得已时，不惜放弃菲律宾等重要基地。直到晚年，麦克阿瑟还对此耿耿于怀。在他的回忆录中说:"可惜,谁也没有告诉过我这些重要会议的决策,我还以为他们正在尽一切努力给我们增援呢!"

麦克阿瑟一再受挫,仍不气馁。他当机立断,命令布里尔顿的空军部队把所有仅存的作战飞机派出去轰炸林加延湾的日军登陆部队。

4架B-17式轰炸机刚刚飞临战区上空,就遭到大批日军战斗机截击和舰队防空炮火射击。美军飞行员慌慌张张地投下炸弹,便甩开日本飞机的围追堵截,向南逃往澳大利亚去了。结果,美国飞

战斗结束后,海滩横七竖八的尸体

机投下的炸弹没有一颗命中目标，仅仅起到一点点骚扰作用，让日本人虚惊一场。

12月24日黎明，日军第14集团军第16师主力7000多人在距离马尼拉只有113公里的拉蒙湾实行了第二批大规模登陆。这无疑是在背后狠狠捅了美菲联军一刀。荒唐的是，负责该方向防务的是帕克指挥下的南昌宋部队，共计有2个菲律宾师共1.6万人，但与日军稍一接战，随即崩溃，一路向马尼拉方向败退下来。日军撵鸭子似的疯狂追击。

到这时，麦克阿瑟才真正意识到局势太严峻了，才看透了日本人的险恶居心。他面临的局势是：海军跑了，空军没了，只剩下装备极差的陆军在抵抗日军全面入侵。自从日军主力部队登陆后，作战仅仅进行了两天两夜，菲律宾守军就处于全线崩溃状态。

本间雅晴的企图十分明显。他要实施南北夹击，把菲律宾守军主力部队合围在以马尼拉为中心的吕宋岛中部的开阔平坦地带，然后一举全歼。

为避免全军覆没，出路只有一条，那就是立即主动撤退，把部队撤退到修筑有坚固设防的马尼拉湾西北面的巴丹半岛上去，也就是要回到原来的"橙色计划"上去。

据美国行军记者回忆，仅仅两天时间，麦克阿瑟麾下的大军就被日军打得丢盔弃甲：12月22日午夜刚过，72艘日本运兵船当中的第一批船在林加延海湾缓缓倾斜的海滩附近抛锚了。这批运兵船由战列舰和巡洋舰护航，载着本间雅晴的第14军团。麦克阿瑟虽然正确地估计到日军发动主攻的地点，但错误地估计了日军发动进攻的时间。当"鱼"号潜艇报告，日本这支大舰队已经到达离吕宋岛北端只有45海里的海面上时，麦克阿瑟剩下的时间还不到48小时。几小时之后，传来了另一个消息：一支由5艘运兵舰组成的小型入侵部队正在南端棉兰老岛登陆。日军的这两个行动，既没有受到美国"亚洲舰队"潜艇的攻击，也没有受到奉命在撤至澳大利亚的新基地之前的B-17式轰炸机队的认真阻截。

疯狂进攻中的日本士兵

第二章　菲律宾危机

22日凌晨，天还一片漆黑，第48师团的日本士兵在一大批战舰的猛烈炮火掩护下，开始在3个滩头堡登陆。汹涌的海面比菲律宾步兵的3个师以及菲律宾骑兵团具有更大威胁。只有少许部队进行了坚决地抵抗，将日军的进攻推迟了几个小时；在其他登陆海滩，当日军冲上阵地的时候，守军丢下老式恩菲尔德步枪，仓皇逃命。第二天一整天，日本的坦克、士兵和装备陆续由驳船穿梭般地送上岸，除了偶尔遭到一阵射击外，几乎没有遇到任何抵抗。到了下午，本间雅晴的先头部队已经深入腹地，以便与一个星期以前登陆的、正从北岸向南挺进的部队会合。

麦克阿瑟惊讶地发现，无论美国亚洲舰队的潜艇，还是缺乏训练的菲律宾军队，都不能挽救菲律宾。可是，他仍然不愿执行仅存的一种军事选择：撤退到巴丹半岛。他竭力避免必然的失败，紧急要求陆军部派遣更多的战斗机扫射日军的前进纵队。他反复要求着，希望马歇尔能说服海军运来更多的军队和飞机。当这个要求没有得到回答时，他连续发出警告：除非援军到达，否则整个西太平洋将会陷落——"胆怯苟安是不能战胜像日本这样气焰嚣张的敌人的。"

23日，麦克阿瑟视察了战场，又听到日军正在马尼拉东南仅仅96公里的拉蒙湾登陆的消息，意识到危险到了极点。黎明时分，日本陆军第16师7000人的部队全部登陆，并向纵深推进。溃散到山丘上的菲律宾第51师实际上没有进行抵抗。日军向马尼拉发动钳形攻势的这支第二批部队登陆，使麦克阿瑟更深刻地意识到他面临的灾难。

★麦克阿瑟的失望

在战场上，缺乏训练的菲律宾军队战斗力极差。麦克阿瑟在吕宋岛北部28 000人的部队，在数量上对敌人二比一强。但是，当他乘坐吉普车巡视前线，亲眼看到日军如何轻易地将战线向马尼拉推进的时候，他对菲律宾军队战斗力仅存的一点幻想破灭了。他到处奔走，企图撑住正在崩溃的战线，可是毫无用处。"几乎没有一支部队是完全机动的，所有部队缺乏训练，缺乏装备。没有一个师或一支部队集合起来进行过演习或训练。"他的参谋部编制不全，缺乏训练有素的工作人员；多数菲津宾士兵甚至没有像钢盔、挖壕工具和毛毯等基本的步兵装备。

当听到日军又在马尼拉东南仅仅96公里处拉蒙湾登陆的消息，麦克阿瑟更深刻地意识到他面临的灾难。他在当天晚上用无线电命令手下的指挥官："执行橙色计划，撤退。"

第三章

退守巴丹半岛

★ 麦克阿瑟的主力部队钻出日军的夹击，顺利撤退到巴丹半岛，从而完全打乱了日军南进战略的时间表，使美国有时间在澳大利亚和西南太平洋组织防御，美国国内人心大振。

★ 当日军发起冲锋的时候，却遭到菲律宾炮兵部队疯狂的轰炸。日军吃了大亏，不死心，又调来重炮及飞机，再次跟美菲联军死拼。

★ 本间雅晴也感到筋疲力尽——他经过一个多月的作战，他的部队渐渐失去了攻击锐势，他面对的美军新防线地形更为复杂，更不利于机械化部队的进攻。

★ 麦克阿瑟很担心日本人登陆巴丹半岛，但是他手上已经没有多余的兵力能够调动，只是下了几道空洞的命令"一定要防止日本人在背后偷袭。"

1. 完美撤退

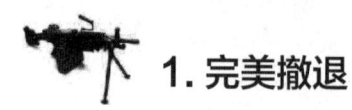

1941年12月24日晚,麦克阿瑟痛下决心,通过无线电命令全体部队立即开始执行橙色计划,退往巴丹半岛。麦克阿瑟后来在他的回忆录中说:"敌人从两面夹击,如果让他们把我的主力逼进中部平原,那简直无异于自寻毁灭。退入半岛,我还可以尽量灵活地调

麦克阿瑟

动全军，争取生存的机会。"但是，他的决心下得太晚了。

麦克阿瑟面临着两大难题：第一个难题是，马尼拉的守军主力已经处在日军登陆部队的夹击之中，如何脱离强敌，安全撤退下来，因为搞不好会加速失败，乃至全军覆没；第二个难题就是如何把散布在各地的弹药、食品和药品等军需补给转运到巴丹半岛上去，这可是长期坚守巴丹半岛必不可少的东西。而要部队把作战物资等转运到巴丹半岛上去，是需要时间的，这和要求部队迅速撤退正好相悖，况且前线部队已经在溃退。

按说，麦克阿瑟如果事先做好坚守滩头阵地和适时撤退的两手准备，或者早些决定执行橙色计划，是不会这么被动的，但因为他过于轻敌，满脑子装的都是近海防御，没有估计到日军进攻会如此迅速，更没估计到他的防线会全面崩溃了——结果使原本不是问题的问题，在此时成了大问题。

为了给各个部队，特别是给军需后勤部队争取到一段时间，让他们尽快突击抢运作战物资，麦克阿瑟特别要求温莱特不惜一切代价顶住日军进攻，为部队撤退到巴丹半岛赢取时间。

抢运物资给养的工作进行得很不顺利，甚至一团糟。由于时间紧迫，麦克阿瑟竟然没有想到及时与菲律宾总统奎松通气，以至于奎松发布一项指令，不许美军从未被日军占领的地区运走粮食，不许美军部队从当地征集食品，也不许美军擅自占用铁路。

又由于远东陆军司令部的参谋们把主要精力用于对付日军进

经典 全景二战丛书 巴丹半岛拉锯战

日军的快速进攻给菲律宾造成混乱

攻，只是把向巴丹半岛抢运物资的命令简单地通知下去，没有督促、检查，许多部队没有完全理解此举的意义和紧迫性，所以各地抢运物资的工作拖拖拉拉，进展缓慢。更有甚者，有的部队在撤退时顾不上炸毁后勤仓库就落荒而逃了，致使大部分弹药和食品落在日军手里。

1941年圣诞节这天，罗斯福颁发命令，恢复麦克阿瑟四星陆军上将军衔。这时，他已经62岁，这次的晋升非但没有给他带来多少快乐，反而使他的心情更加沉重。

美国亚洲舰队剩下的巡逻艇撤退到吕宋岛西岸的海湾里躲藏起来，潜艇已经撤退到婆罗洲和爪哇的港口。遭到轰炸的甲米地军港的弹药和供应品不能运抵科雷希多岛，被炸掉了。吕宋岛上仅有的4架战斗机，在布里尔顿乘上最后一架美国运输机之后，于圣诞夜飞走了。麦克阿瑟向他告别时恳求说："我希望你能把我们所做的努力告诉外面的人，以便维护我作为一个战士的声誉。"

圣诞节晚上，麦克阿瑟最后一个登上"唐埃斯塔班"号轮船，渡过25海里宽的海峡，来到科雷希多岛。这座岛屿扼守着马尼拉湾的门户。菲律宾总统奎松和他的高级政府官员，也同麦克阿瑟其余的工作人员和家属一起挤在这条船上。轮船底层舱里堆着菲律宾政府的金条和银条。乘客的绝望心情和马尼拉湾一片银色月光的美景形成尖锐对比；一个美国军官独自唱起《安静的夜》，没有人随声附和。

科雷希多岛是一个面积只有5平方公里的蝌蚪形状小岛,位于马尼拉湾入口处,北距巴丹半岛3.2公里,晴天时半岛中央高耸的死火山清晰可见,东北与马尼拉城隔水遥遥相望,岛上山峦起伏,当地人管这个小岛叫"岩石堡"。美军在岛上建有永久性防御工事,部署42门远程大炮和迫击炮,岛上作战部队有4000人,非作战军事人员有4000人,居民有2000人。该岛就像一个瓶塞,也像一夫当关的勇士,扼守着马尼拉湾,只要守住这个岛屿,日军就无法通过马尼拉湾。

为便于直接观察战场情况,也为了鼓舞士气,麦克阿瑟把司令部和自己的家设在岛上最高的山顶上,并在那里高高升起美国国旗。

但是没过几天,日军轰炸机就把山顶上的房屋炸为平地。警卫人员劝告麦克阿

美军巨型迫击炮

瑟把司令部和全家搬到山脚下的马林塔隧道里。刚开始，麦克阿瑟死活不同意搬家。一次空袭中，其他人都躲进了防空洞，可麦克阿瑟不听劝告，仍旧坦然镇定地叉着腰站在山顶上，观察日军飞机的轰炸情况。日本飞机俯冲过来，炸弹在周围爆炸，他仍然无动于衷。警卫跑过来把钢盔戴在他头上。这时刚好一块爆炸的弹片飞来，打在警卫的手上，警卫的手顿时鲜血直流。有了这次危险的警告，麦克阿瑟才勉强同意搬家。

此时，被称为"远东敦刻尔克"的退守巴丹计划正在争分夺秒地加紧实施。在司令部里，麦克阿瑟不停地来回走动，大脑在高速运转着。他随时了解各个部队的情况，不时向战地指挥官下达命令，协调各个部队的行动，竭尽全力要把他的部队从日军南北夹击的钳形攻势中解救出来。他同奎松商议后，向报界宣布马尼拉为不设防城市，企图以此来减轻战火对这座城市和平民的蹂躏和伤害，减少战争给菲律宾造成的灾难。

在整个迟滞作战中，温莱特及其北吕宋部队（菲律宾师）发挥了关键作用。他竭尽全力把被打散的部队收拢起来，在林加延湾至巴丹半岛之间，沿途步步设防，建立起五道临时阻击防线，沿途抵抗，交叉掩护，且战且退，同时组织工兵部队炸毁桥梁，破坏道路，设置路障，有效地迟滞了北线南下敌军主攻部队的进军速度，为南吕宋部队和马尼拉的战略预备队向巴丹撤退赢得了时间，也为后勤部队抢运弹药和给养赢得了时间和空间。

在关键的渡河阻击战斗中，温莱特率领几乎弹尽粮绝的部队硬把过了河的日军上岛支队给顶了回去，并击毙支队长上岛，使南吕宋部队得以乘车快速通过马尼拉进入巴丹半岛。否则，后果不堪设想。

整个撤退行动虽然仓促慌乱，惊险不断，但还算成功。美菲军损失很小，共计有9个师8万多人的部队和近3万难民撤到了巴丹半岛，以至于连日本人也不得不承认这是一个"伟大的战略行动"。

实际上，腹背受敌的麦克阿瑟部队主力之所以能够跳出日军南北夹击的钳形包围，还得益于日军犯了类似"空城计"中司马懿的错误。

盟军主动放弃马尼拉，大张旗鼓地宣布马尼拉为不设防城市，本间雅晴却对此起了疑心。他误以为是麦克阿瑟设下的圈套。以谨慎为妙为信条的他下令放慢进攻速度。

本间雅晴一直以夺取马尼拉为作战行动的首要目标，没有及时发现和判断出美军撤退到巴丹半岛的战略企图，从而忽视了运用空中优势切断美军撤退道路，没有及时派轰炸机摧毁美菲联军撤退必经之地——卡隆比特河上的两座桥梁。

当时，接连几天，正在溃退的美菲联军与成群结队逃难的老百姓夺路而逃，各种车辆和行人在这两座桥上拥挤不堪，军队一度被堵在远远的后面。等到本间雅晴明白过来要炸毁这两座桥梁时，已经是马后炮了。

第三章 退守巴丹半岛

美军撤退到巴丹半岛

1942年1月1日凌晨6点15分,当最后一批美菲联军部队急急忙忙穿过大桥时,温莱特看着从后面追过来的日本兵几乎要冲上桥面了,急忙向早已经准备好的工兵下令炸桥。随着两声巨响,卡隆比特河上的两座大桥轰然坠入河中,把追击的日军挡在河对岸。本间雅晴为此追悔莫及。

1942年1月2日,日军没发一枪一弹进占了马尼拉,在城里到处升起了太阳旗。本间雅晴原以为只要拿下马尼拉,菲律宾政府就会投降,日军就取得了完全胜利,没想到由于未能围歼麦克阿瑟的主力部队，让日军为此付出了沉重而惨痛的代价。

麦克阿瑟的部队主力钻出日军的包围圈，顺利撤退到巴丹半岛，从而完全打乱了日军南进战略的时间表，使美国有时间在澳大利亚和西南太平洋组织防御，美国国内人心大振。麦克阿瑟对此十分得意，认为向巴丹半岛撤退的决定是他在整个战争中最为关键的一个决策。他晚年在回忆录中写道："巴丹半岛和科雷希多岛成了全球的抗日象征，也是一种精神鼓舞……"日本人的历史著作也记载说"巴丹半岛的抗战产生了一种影响力，一种精神上的影响力"。

早在开战前，美军就利用巴丹半岛多山与密林的地理优势，在岛上构建了两道防线。第一道防线位于巴丹半岛北部，依托纳蒂布山脉（纳蒂布山海拔1288米）建立；第二道防线位于巴丹半岛中央蜂腰部，依托马里伯莱斯山脉（也称为巴丹山，海拔1421米）建立。

根据山脉的自然走势，麦克阿瑟把撤守巴丹半岛的部队改编为两大部分，分别防守大山的东西两侧。他以温莱特指挥的北吕宋部队为第1军，共计有1万人，负责防守左翼；以帕克指挥的南吕宋部队为第2军，约1万人，负责防守右翼。

科雷希多岛与巴丹半岛相互照应，是美军最后的基地。士兵们知道无路可退，身后就是大海，他们只有背水一战，殊死抵抗，才能求得生存，因此部队上下同仇敌忾，士气高昂。

第三章 退守巴丹半岛

但是,麦克阿瑟有后顾之忧。由于他撤退的命令下得太晚,致使向巴丹半岛抢运补给的行动过于仓促。按照原来的彩虹计划,美军准备用4万人防守巴丹半岛,所以提前预储了供4万人用6个月的军需物资和粮食。等到紧急撤退行动完成后,军需官向他报告"如果按正常供应,储备的和运进的粮食还不够8万守军和3万难民吃一个月"的时候,他开始意识到问题严重了。

这时,空中和海上运输线几乎完全被日军封锁,科雷希多岛与巴丹半岛上的守军已经处于孤立无援境地。麦克阿瑟不得不下令,非战斗人员的食品供应减半。此外,药品也十分短缺,疟疾和热带疾病造成的非战斗减员比战斗减员还要多。

乔纳森·温莱特

★ "远东敦刻尔克"撤退

美菲联军撤退成功的关键是温莱特激发士气的指挥和作战经验丰富的美国正规军的援助——他们把北吕宋岛上溃散的部队集合在一起,守住5条临时防线,炸毁了184座桥梁,及时阻止了日军的主攻。日军进攻速度减慢了,恰好使南吕宋岛美军部队中的15 000名士兵得到喘息的机会,迅速撤到马尼拉的西面。

日本指挥官本间雅晴以为美军已经全面溃退,错误地直逼马尼拉,忽视了运用空中优势摧毁该市北面16公里处的两座重要桥梁。

马尼拉多处建筑被摧毁

这两座桥梁坐落在卡隆比特河上，是正在溃退的菲律宾军队的必经之路。这些军队与成群的老百姓夺路而逃。日军企图切断卡隆比特河上的这两座重要桥梁时，已经晚了，最后一批士兵平安过桥后，温莱特下命令"炸掉它"。美军很幸运，日本人没有运用巨大的空中优势来加强进攻，没有袭击在两条公路上互相拥挤的车辆和士兵。日军只想胜利进入马尼拉，认为这将标志着菲律宾人的投降。可惜他们失算了。

2. 马尼拉沦陷

麦克阿瑟相信，只要有外援，他在巴丹的守军至少能够坚持6个月。为此，他一再向华盛顿求援，而华盛顿也多次表示要尽最大努力尽快送来军援，各种增援手段都在考虑与准备之中。麦克阿瑟备受鼓舞，他坐在办公室里想得很远，以至于发电报建议华盛顿说服斯大林从西伯利亚派轰炸机摧毁日本的石油储备，牵制日军向东南亚扩张的南进战略，减轻日军对菲律宾的进攻压力。但是，华盛顿对此建议保持沉默，因为丘吉尔已经派外交大臣访问过莫斯科，斯大林已经婉转地拒绝了这一战略建议。

再说菲律宾首都马尼拉。麦克阿瑟正式宣布马尼拉为不设防城市，通过马尼拉的报纸及广播电台发布出去后，马尼拉的灯火管制被解除了。然而，日军的轰炸却还未停止。

由于妨碍日本飞机低空飞行的高射炮已经不存在了，日军便毫无忌惮地展开轰炸，行政厅、姗芬德拉多兰大学、圣多明科教会、姗达罗沙大学、姗达卡达利纳大学等古老的建筑物先后被破坏，数百市民惨遭杀戮。

麦克阿瑟宣布马尼拉为不设防城市的那一天，日军第14军的情报主任参谋中岛义雄也报告称，麦克阿瑟的司令部已经移转，而美菲军的一部分移动到巴丹半岛。本间雅晴立刻明白，麦克阿瑟将在科雷希多岛及巴丹半岛展开持久战。

然而，由于第14军的任务为占领马尼拉，因而第14军的参谋都陈述意见说，主力部队最好执行这一项任务，切勿节外生枝。在场的幕僚之中，甚至有人说，"麦克阿瑟的狡猾"将有助于日军完成任务。依照某一名日军军官的说法，麦克阿瑟的军队有如"飞进火焰的蛾子"。

马尼拉已准备迎接日军进入，市长巴尔卡斯尽力取消一切能够成为报复理由的措施，使占领军的将士们能够平稳下来。马尼拉城的战略要地上竖立着很大的牌子，写着："不设防城市，禁止发炮"。有关地方行政方面的人员都奉命坚守自己的岗位，然而仍有很多的职员逃往巴丹半岛或科雷希多岛。

枪声停止下来了，奇妙的寂静跟着来临。不过，这只是短暂的现象而已。不久之后，酒楼、饭店等，又为了那些欲庆祝除夕的人

第三章　退守巴丹半岛

马尼拉被日军占领

们营业起来了，到处召开舞会。日本报纸报道着"皇军"快要进入马尼拉城了。第 48 师团步兵团长安部孝一获得许可，统领着台湾步兵第一联队的一个大队以及步兵第 47 联队的两个大队进入马尼拉城。

迎接胜利者，只有一小部分好奇的人而已，没有一个人欢呼。在行进途中，日本人混入看热闹的市民里面，散布"粉碎英美帝国主义"的传单。

视察了马尼拉状况的日本大本营高级军官们，对于市民们的反应颇表失望。日军认为，把菲律宾人救出美国人的控制之后，他们

马尼拉位于吕宋岛西岸，马尼拉湾畔，是一座新旧交错、东西文化交融的城市

一定会受到热烈的欢迎。想不到，绝大多数的市民都不阅读传单，即使有些人拾起了传单，也只是想留作被占领的纪念，或留给后世的子孙观看而已。

小规模的占领军立即到战略要点监视。那些从集中营里释放出来的日本人，多数担任起翻译的工作。居留于马尼拉的美英两国的人仅仅在数日之内就被关进了集中营。

这时，能够以自由之身居留于马尼拉的欧洲人，只有意大利人及西班牙人而已。翌日，酒楼及酒吧又闭门歇业了。几家仍旧营业的商店里充塞着拿着军票购物的日本官兵。两天之后，本间雅晴为了控制马尼拉的经济及文化，宣布建立日军组成的军政府。副参谋长林义秀被任命为军政部长，接着又下达了一连串严厉的命令。

这些命令包括：夜间禁止外出、管制灯火、发布戒严令，所有火器、弹药、军需品等必须交出，假如对日军政府及其职员采取敌对行为的话，将被处以死刑。如果一个日本人被杀，将处死十名菲律宾人。禁止使用无线电，收音机必须加以改良，只能够收听日本的广播，或者以日本人为主管的广播电台的广播。工厂、银行、学校、教会、印刷厂悉数归于日本的支配之下。不准升起菲律宾国旗，禁唱菲律宾国歌。

进入了马尼拉之后不久，本间雅晴即邀请巴尔卡斯会晤，并且对他说："天皇以及所有的日本人都很尊敬及同情菲律宾的抗美运动，以求从美国的支配中获得解放。如今，从建设亚洲人自己的亚洲起见，菲律宾人更应该与日本人协力。"最后他又说，由于美国的傀儡政府放弃了责任，要求巴尔卡斯组织一个新政府。

在日本人操作下，巴尔卡斯宣布了新政府的成员名单，各部门皆有日本顾问。几乎与此同时，菲律宾总统奎松对将来4年间的任期举行了宣誓。这个典礼在地下"马林塔隧道"举行。

就在同一天，日军已经追击到了巴丹半岛入口处，企图强行突破。

阵地上的美菲联军士兵

温莱特在巴丹半岛前沿布置了16公里长的战线，部署了第11师、第21师、装甲部队以及骑兵队的一部。第26骑兵联队被当成预备部队，紧随于背后。他们认为，将有12万名以上日军与他们周旋，事实上日军只有两个联队以及一些战车、炮兵而已。

日军第二部队（主要是从第48师团抽出）企图强行突破美军防线。本间雅晴知道无法在短期内获胜，给了他们50天时间去完成任务。

美国陆军参谋长乔治·马歇尔

显然，日本人低估了温莱特。他们以为美菲守军已经败退到三面环水的小岛上，根本没有战斗力可言。可当日军发起冲锋的时候，日军却遭到菲律宾炮兵部队的疯狂轰炸。日军吃了大亏，不死心，调来重炮及飞机，再次跟美菲联军死拼。

菲律宾的指挥官们虽然已竭尽所能，但始终处于劣势。在中午时分，日军2000多人突破了第21师左翼。由于日军进兵太过于迅速，美菲联军第21师参谋部差一点全数变成了俘虏。

入夜之后，由于美菲联军展开了猛烈的炮火反击，日军被击退了。美菲联军放置于高台的105毫米火炮,虽然轰击了日军的后卫,但由于命中率非常之低,几乎没有给日军造成任何灾害。

就在日军与美军继续对峙的时候,美国陆军参谋长马歇尔致电麦克阿瑟,告知有一大批战斗机正在运往菲律宾的途中,并且说"总统看了您的全部来电,正指示海军尽可能向您提供各种支援"。

为了稳定军心,麦克阿瑟于第二天到纳蒂布山防线巡视慰问部队,并满怀信心地宣布:"援助正在途中,我们必须坚持到援军到来。"

但是,时间一天天过去了,巴丹半岛的守军什么援助和支援也没有等到,等到的只是日军飞机的狂轰滥炸和劝诱他们赶快投降的英文传单。

在这期间,麦克阿瑟多次建议太平洋舰队派出航空母舰,救援日军还没有攻占的棉兰老岛,而且建议美国驻澳大利亚空军利用棉兰老岛的机场作前进基地,轰炸在吕宋岛上集结的日军主力,打乱本间雅晴进攻巴丹半岛的作战计划。

到最后,麦克阿瑟苦苦哀求华盛顿:哪怕派遣一批飞机飞过菲律宾上空压一压"敌人宣传的气焰"也行,让巴丹半岛的战壕里饥肠辘辘的官兵们知道,华盛顿没有抛弃他们。

不幸的是,华盛顿的决策者们已经决定放弃他们了。华盛顿的增援许诺只是一种安抚军心的空头支票。他们早已确定"先欧后

第三章 退守巴丹半岛

侵占南洋诸国的日军士兵服饰

亚"的全球战略，把大批军事力量和军事物资都集中到远离巴丹半岛的地球另一边去了。

与此同时，在巴丹半岛对面日军第14集团军司令部里，本间雅晴和参谋们虽然为没有成功合围美菲军部队让其撤至巴丹半岛而大为遗憾和惋惜，但仍然十分自信和乐观——他们对美军在巴丹半岛的大规模军事设施和坚固的工事一无所知。

本间雅晴和参谋长前田正实都认为，敌人已经进入巴丹半岛"笼城"，即使与科雷希多岛互为犄角，也丧失了海空防御，不可能有多大作为的。他们根据前一阶段的作战经验预测，日军只要集中力量发起进攻，巴丹半岛的守军就会举手投降。为此，他们立即着手进行进攻准备。

远在西贡的日本南方军总司令寺内寿一更乐观。他认为，既然本间雅晴占领了菲律宾首都马尼拉，那么菲律宾战事就大局已定，退守巴丹半岛的美菲联军不过是瓮中之鳖，没什么大碍。于是，他命令第5飞行集团转到泰国方向，参加对缅甸作战，将第48师团调到荷属东印度的爪哇作战。至于那些困守巴丹的残余敌人，他放心地让本间雅晴去收拾。

虽然这种调动是在原定作战计划中就已经明确了的，但本间雅晴没有料到会这么快。第48师团已经在巴丹半岛东侧集结完毕，准备乘敌人立足未稳发起进攻。他和参谋长都认为，临阵撤走主力大为不利，一再向寺内寿一和东京大本营请求暂缓抽调第48师团，但寺内寿一坚决不允。本间雅晴无法，只好服从。

本间雅晴只好用林加延湾登陆的第65旅团接替第48师团。第65旅团原本是台湾守备部队，被人称为"步枪部队"，没有重武器，不是一支野战部队，不但装备极差，而且大部分士兵都是中年人，实战根本不行。

在大规模战斗即将开始前夕，本间雅晴被逼交换部队，并减少了兵员数量。第65旅团只受过了一个月的训练而已。其他步兵三个联队——第122联队、第141联队、第142联队——各只有两个大队而已。几乎没有任何的机动车辆，更谈不上野炮。由此可见，日军进攻巴丹半岛部队的战斗力大打折扣了。

★日军和美军的消耗战

在巴丹半岛对峙时，日军的损失超出了预料：自从登陆以来，日军死伤总数达2000名，其中战死者627名，负伤者1281名。温莱特的北吕宋军损失约有12 000名，比起战斗时的损失来，还是以逃亡的菲律宾官兵占多数。不过，由帕克所指挥的南吕宋部队一直是平安无事，时时能够当成防御军的一个部队使用，在撤退之中损失的兵员约1000名。

美军退守巴丹半岛以来，日军一直处于不利的状态。纵然日军已占领了不设防的马尼拉，然而，只要美军仍占有巴丹半岛及科雷希多岛，日军仍是无法使用马尼拉湾的。

3. 日军意外受挫

不过，驻防巴丹半岛的美菲联军日子也不好过。他们不仅疲劳，而且饥饿万分。他们深知，艰苦的战斗将长期延续下去。他们一再努力，然而给养仍旧不足。例如，将士们根本就没有蚊帐，防治蚊虫叮咬的金鸡纳霜也用完了，蚊虫传播的疟疾已经成为致命性问题。物资不足，加上官兵们抵抗力转弱，导致美菲联军的状况更

美军的鱼雷艇为其他军舰进行补给

美军在巴丹半岛上设置的防坦克障碍物

加恶化了。巴丹半岛约有8万军队,以及前来避难的26 000名市民。本间雅晴深知巴丹半岛人口的增加将对美军十分不利,因而下令勿干扰难民移动,甚至下令故意将难民放进巴丹半岛去。

人口增加之后,粮食及其他物资撑不住。华盛顿的增援迟迟不到,麦克阿瑟只好下令把市民的粮食配给量减半。

巴丹半岛的防御军拥有远东舰队留下来的鱼雷艇及扫雷艇。如今,这些舰艇连同若干海军陆战队、战车大队及数架P-40式战斗机等一起归麦克阿瑟直接调度和指挥。

巴丹半岛的地面军有菲律宾师团、正规菲律宾陆军2个师团、7个菲律宾预备师团。他们所防卫的地域长为40公里,最宽处为

32公里。那里有两个山脉蔓延着,有森林及丛林覆盖。两山脉之间有几条河流,山脉对侧狭窄的沿岸平地有一条公路。

经过详细论证,麦克阿瑟把1个菲律宾正规师团、2个预备师团以及包括其他部队的第1军团配置于左侧,而把4个菲律宾陆军师团以及包括菲律宾师团小部队的第2军团配置于右侧。

至于巴丹半岛突出那一端,则归为司令部负责。主防御线第一线,蔓延于面临南海的矛潘到面临马尼拉湾的阿布凯之间。如第一防线挡不住的话,防御军可以后退到约10公里后的预备战线。第三线,是半岛最高的部分——马里伯莱斯山脉。3条防线后,是麦克阿瑟的大本营——科雷希多岛,隔着两海里宽的海峡,与巴丹半岛遥遥相望——也是巴丹半岛防卫的补给基地。退一步而言,即使日本控制了巴丹半岛,美菲联军只要有科雷希多岛,就能威胁马尼拉湾。

兵士之间不断地流传美国将派遣大量增援兵的消息。于是,他们又燃起了希望。他们认为,麦克阿瑟既然熟知巴丹半岛的地势,那么,他们就可以在相等实力的情况下与日军战斗。美军航空部队、战车部队以及炮兵队都具有优势——这是他们战胜日军的自信源泉。

本间雅晴认为,巴丹半岛上的美菲联军只有25 000名,而实际上美菲联军差不多8万人。情报又说,美菲军队的士气及健康状态都非常差,多数兵士都想伺机逃走。基于这样的情报,其后日军的作战就变成了追击——只需封锁半岛两侧的道路。

战斗被交给了由奈良晃指挥的第 65 旅团。鉴于第 65 旅团实力不强悍，本间雅晴特意另派了第 7 战车联队、野炮、山炮部队以及星驹太郎所率领的陆军航空队。该航空队由 11 架战斗机、36 架轻轰炸机以及侦察机、炮兵观测机、联络机等组成。

担任巴丹半岛左侧防卫的是美菲联军第 2 军团，面临的是具有配属山炮、对战车炮等的日军步兵第 141 联队；右侧美菲联军第 1

美国海军陆战队士兵正在用缴获的小型山炮射击

军团，对抗的是由各兵种联合而成的日军步兵第 122 联队。

日军的计划是：左侧的攻击部队先朝西进行，通过巴丹半岛狭窄的部分后，再朝南推进，然后，进军横断巴丹半岛唯一道路的西部终点——巴卡克。奈良晃在到达此地之前，并没有想到会遭受到抵抗。

带着满身杀气，日本第 65 旅团几个联队交替行军，展开对巴

美军半履带式 75 毫米自行火炮

丹半岛的攻击。1942年1月9日15点，两路大军左右开进，向巴丹半岛发起冲锋。

这是日军头一次向美菲防御军展开攻击。日军的情报错误地估计了美菲联军的战力与士气。另外，他们对美菲联军主要防御线的位置也判断错了。在展开攻击之时，日军根本没有遭遇到大量美菲联军抵抗。日军莫名其妙，以致判断巴丹半岛的防卫军已经撤退。其实，这也难怪，因为日军根本还没有到达主要的防御阵地。

奈良晃还以为第65旅团立功的机会来了，兴奋地下达了"追击敌人纵队"的命令，另外还派了一支奇袭部队，企图绕过山梁，从翼侧包围美军防线。当然，日本人又吃了大亏，沿着大路奔袭的士兵们挨了美菲联军的炮火；所谓奇袭支队也陷在森林里达一个星期之久——这是日本进攻菲律宾以来遭受的第一次军事挫折。它使麦克阿瑟看到了希望——华盛顿最终会满足他反复提出的一个要求，即"美国海军来一次突击"，从澳大利亚运来增援部队。

可罗斯福与丘吉尔已经达成协议，美国亚洲舰队的舰只现在是美英荷澳联军的一个组成部分，盟军已经打算放弃菲律宾了，集中守卫马来半岛的屏障防线。美国海军作战部部长告诉罗斯福，没有足够的战舰保护一支运输船队通过日本的封锁线。然而，罗斯福还是向奎松发出了新年贺电："我可以向您保证，每一艘可以利用的船只都具有——最终将打垮敌人，解放您的祖国的力量。"

华盛顿反复保证：援助正在途中。到了一月份第二个星期，这个保证完全落空，军舰和飞机没有到达。日本飞机却在加紧轰炸科雷希多岛。语句不通的英文传单，雨点般地从天空降落到士兵头上，传单要他们"赶快投降，因为你们的后路已被切断，成了瓮中之鳖"。"东京玫瑰"广播电台也肆无忌惮地嘲笑美国太平洋舰队。虽然马歇尔安慰麦克阿瑟"我们满怀希望，在马来半岛屏障迅速部署占压倒优势的空中力量，将会切断婆罗洲以南的日本交通线，并使盟军能够在菲律宾南部发起进攻"，但无论美国还是它的新盟国，都没有船舶、兵员和飞机来实现这个计划。军事计划委员会已经打消了向远东派遣救援运输舰队的各种设想，因为那样做是"完全不合理的"，甚至有人感伤地说"人总是有死的时候"。

1月10日早晨，麦克阿瑟为了亲眼看到战况，从科雷希多岛渡过海峡，来到了巴丹半岛。麦克阿瑟访问第一线时，碰巧本间雅晴在劝美军投降。

"你们也知道，你们是注定要失败的。结局很快来临了。问题是你们要抵抗到什么时候"。本间雅晴又赞扬美军的勇气与战斗意志，不过强调"为了不冤枉地流血起见，还是尽快地投降较好"，最后，又恫吓说"日军的攻击势如破竹，你们是逃不过被歼灭的厄运的"。

接着，日军认为菲律宾军已经在崩溃前夕，因而对菲律宾人呼吁说："为了菲律宾的幸福，最好以菲律宾人去建设新的菲律宾。"听到这些，麦克阿瑟非常生气，以一连串炮击回应了日本人。

第三章 退守巴丹半岛

日军在防步兵障碍物之间穿行

回到了科雷希多岛的麦克阿瑟以及他的参谋长感觉到烦恼的并非日军的投降要求,而是两军团的指挥官并没有强化防御线。美军认为,日军不能通过巴丹半岛中央的丛林以及错综复杂的山脉。翌日,帕克与温莱特分别接到特别命令,把双方的防御线互相延展,以便于联络。

1月11日夜,日军再次攻击主防御线,对美菲守军展开猛烈的攻击。奈良晃指挥下的第141步兵联队第二大队,攻到了主防御线前方约1500米的甘蔗田。

到了午夜,日军接连地对防御军展开"万岁突击"。第一梯次并不在乎受到75毫米炮射击,冲向铁丝网,制造一道"人桥",使后继日军跨越过去。这一次攻击,双方都死伤很多。美菲联军前面的防御军被迫撤退,耐心地等待援军。不久之后,增援部队抵达。于是,日军的攻势被击退了。

在黎明之前,菲律宾特种部队展开反击,几乎把日军赶回到原来的战线了。到1月12日早晨,战斗告一段落,日军死了300人。除了主防御线外,其他地域也有日军侵入。不过在1月12日上午,日军所占领的3个地域都被美菲联军扫荡了。结果,日军付出了很大代价,却只占领了极小地域。

到此时,日军才知道夺取巴丹半岛并没有想象中那样容易。尤其是多数的小河以及那些被丛林覆盖的土地,使日军束手无策,因为他们没有相应的地图,而且维持通信联络又非常困难。通信分队的经验很少,时常在丛林里面迷路。结果是,日本部队不仅不知道下一步如何做才好,甚至连支援部队的位置也弄不清楚。

奈良晃不得不变更全部计划。他对步兵第9联队下达了新的战斗指令:集中力量,深入渗透西线帕克第2军团的作战阵地,然后向东旋回,从后方攻击美菲联军的主防御线。

1月13日早晨,在奈良晃的部队再度展开攻击之前,菲律宾第21师团为了解除主防御线的压力,突然反击日军。这次的反击使日军不得不撤退,再也不能展开攻击。

巴丹半岛的守军虽然打败了日军一次次进攻,然而给养在一天天地减少,局势越来越严峻,最后不得不把每天的配给量减少到正常量的 1/3-1/4。军马没饲料可喂了。温莱特含泪命令把所有的马都杀了，一来节省饲料，二来用马肉给人充饥。

本间雅晴趁机以日军总司令的名义给麦克阿瑟发来一封劝降信："你只有一半给养了。我钦佩你本人和你的军队的斗志。你的军队一直在英勇地进行战斗。你的声望和荣誉已经保住了。为了避免不必要的流血，为了挽救你的部队，我们奉劝你投降。在此之前，我们将继续进攻，因为我们不愿意给你调整的时间。"

战后美军记者采访"东京玫瑰"户粟郁子

对这封劝降信,麦克阿瑟不予理睬。但他不得不面对日益严峻而残酷的现实。他再次向华盛顿苦苦求援,由于与"先欧后亚"的全球战略不合拍,他还是得不到回应。当时日本"东京玫瑰"无线电广播电台天天在广播说,美国的援助正在源源不断地大批地运往英国和苏联。巴丹半岛的守军门听到后大惑不解,菲律宾总统奎松目瞪口呆,麦克阿瑟则气愤无比。麦克阿瑟无计可施,几乎到了四面楚歌的地步。他像一头被困在笼子里的狮子,在马林塔隧道司令部办公室里急得坐卧不宁,寝食不安。

前线的美军士兵

★麦克阿瑟的善意谎言

麦克阿瑟明明知道援助是没有影子的事,但他也像华盛顿用谎言安慰他那样,不得不用谎言安慰部下,鼓舞部队的士气。他发布通告说:"美国的援助正在途中。华盛顿正在调运数以千计的兵员和数以百计的飞机……我们在巴丹的部队比进攻我们的日军多得多……我们坚持战斗,就会胜利;我们撤退,就会毁灭。"可是那"数以千计的兵员和数以百计的飞机"到底在哪里呢?连他自己都不知道。他为自己也用这种明显的谎言来欺骗部下而感到羞愧和不安,他甚至为此而不敢再去见手下的官兵。

然而,前线饥肠辘辘的士兵们似乎也看穿了他的这种谎言,越来越感到华盛顿抛弃了他们,麦克阿瑟抛弃了他们。有的士兵在钢盔上划上个"V"字母,但它不是代表"胜利",而是代表"炮灰"的意思。没有胜利希望的连续不断的战斗把他们的锐气和斗志消磨光了,饥饿和药品短缺而造成的非战斗减员日益增多,绝望的情绪在滋长蔓延。

4. 美日展开拉锯战

指挥第 2 军团、负责巴卡地带(右线防御)的帕克一连几天遭

麦克阿瑟和理查德·萨瑟兰

到日军较大规模的攻击。日军仿佛故意放弃了左线温莱特的第1军团，专找他的茬儿。

不过，帕克性格坚毅，并没有消极防御。他甚至想使用菲律宾第51师团主动反击。不过，师团长认为，率领着他的部队，在毫无支援下展开反击，是非常危险的事，立即提出抗议。不过到16日早晨，这种反击还是被实施了，并且有如预料一般，遭受到日军激烈地抵抗。

美菲联军展开反击的主力部队虽然巧妙进攻，但是导致他们比两侧的部队更为突出，以致日军利用其两侧所产生的间隙把他们围了起来。日军步兵第141联队、步兵第9联队从左右钳住美菲联军，以致巴卡的第51师团陷入了被包围的危险。第51师团全战线屈服于此压力，菲律宾兵被迫节节后退。

接着，日军又再度展开攻击。但日本人防御线的左右也被突破。为了援护各自的侧翼起见，双方不得不后退。菲律宾陆军第43步兵联队在日军攻击之下支持了很久，不过日军步兵第9联队却进入了西部的山岳地带，企图包围第2军团。

美军的M2轻型坦克

1月22日，麦克阿瑟派参谋萨瑟兰来到了巴丹半岛，直接视察状况。萨瑟兰先到巴卡的第2军团司令部，再到温莱特的第1军团司令部。这时，萨瑟兰已决定放弃第一道战线，把各部队撤退到后方的新阵地。

想想第51师团兵力分散所招致的失败以及菲律宾师团欲恢复原来的战线而遭遇惨败的情况，萨瑟兰的决策不失为合时宜的。因为自那时以来，广大的间隙已经开了口，日军已侵入到这个间隙内，威胁到了两军团。

小批日军也突破了温莱特的作战阵地，沿着西侧道路，对道路展开封锁，导致美菲防御军保住阵地更困难了。

麦克阿瑟不得不允许撤退，并以悲观的口吻向华盛顿报告状况：损失达到了全军的35%，其中有损失达60%的部队。麦克阿瑟站在新防御线上说，他计划战斗到最后一兵一弹，并指名他阵亡之后，由萨瑟兰继承他的职位。

有关撤退的命令下达了。由于所有道路都充斥着撤退的军队，因而引起了一场大混乱。没有指挥交通的宪兵，美菲联军看来就要崩溃了。

美菲指挥官最害怕的是日军对道路交叉点展开炮击。这么一来，他们的撤退就不能顺利进行了。所幸的是，日军失去了这种机会。

在撤退之中，日军继续对菲律宾师团展开攻击。1月23日到

24日夜，当美军后撤的时候，日军的攻击达到了顶点。后卫部队的抵抗虽然薄弱，但仍支持到军队主力撤到新阵地之后。

25日早晨，最后的美国兵在战车部队及炮兵援护之下，撤出了阵地。据目击者说，这些撤退的兵士，看起来好像是行尸走肉。这天早晨，第2军团的官兵在战车援护之下，抵达了新的防御线。第1军团的撤退比起以前来有秩序多了。

日军用速射炮攻击美军坦克

日军把美军赶出了第一防御线，但也耗费了很大军力。奈良晃指挥下的第65旅团3000步兵，有1472人死伤。其他配属部队也丧失了数目相当的人员。当攻下美军第一道防线的时候，奈良晃说，他的旅团已处于极度疲劳的状态。

本间雅晴也感到筋疲力尽。经过一个多月作战，他的部队渐渐失去了攻击锐势——他面对的美军新防线地形更为复杂，更不利于机械化部队进攻。于是，他于1月28日命令停止正面攻击。

其间，本间雅晴也曾考虑实施海上迂回的攻击方案，而且接连派出4批登陆部队实施过试探性进攻，企图从海上迂回到巴丹半岛守军的大后方，在巴丹半岛西南端登陆。

首批登陆部队是由木村直树指挥的第16师团部队，试图在美菲联军第1军团背后的3个地点登陆。登陆用舟艇已从林加延调来。本间雅晴认为：巴丹半岛凹入的海岸线，将使防卫非常困难。

麦克阿瑟很担心日本人登陆巴丹半岛，他手上已经没有多余的兵力能够调动，只好下了几道空洞的命令："一定要防止日本人在背后偷袭。"

担任阻击日军登陆的士兵们差不多是临时组织起来的。这些部队是菲律宾警察第一联队以及担任地面勤务的"海军大队"，由布利吉特指挥。

布利吉特的部队成员五花八门，最具有实力的是60名海军陆战队员。火炮方面，有两门75毫米口径炮，一个75毫米口径炮中

第三章 退守巴丹半岛

队以及6门153毫米口径的岸防炮。小口径火器方面,包括有数挺第一次世界大战使用过的机关枪以及各种的小火器。

不过,这支部队的多数兵员连步枪也不曾射击过。除此之外,他们的制服也很古怪。他们试图把蓝色的海军制服染成卡其色,结果宣告失败,以致变成了不伦不类的芥末色。

日军方面,木村直树选择了步兵第20联队第二大队。1月22日,此大队朝巴丹半岛西海岸的凯波波角进发。这时,日军痛感到地图的不准确,以致很难判别一个地点。因为在这一带,海岸线都隐入背后黑压压的山脉。即使在白天,经验丰富的航海者带着海图也很难发现岬角。

出发后不久,登陆部队就遇到了麻烦。海上波浪非常高,先行的小艇被美军的鱼雷艇击沉。不过,美军鱼雷艇并没有发现日军其他的登陆舰艇。在半个小时之后,另外一只日军小艇又被鱼雷艇击沉了。数名乘员变成了俘虏,公文包也被没收了。

由于发生了这样的事情,日军的登陆部队失去了统一指挥,被分为两部分,但没有任何一部分到达预定的登陆地点。不过,日本人还算幸运,约三分之一的登陆部队抵达了目标地点前方16公里的龙科斯卡瓦杨角,附属部队及零散的一群日本人则抵达了基纳湾角,这两个地点都没有配置美菲防御军。

在1942年1月23日上午8点30分之前,美军始终没有截获有关日军登陆的报告。约300名日军已从龙科斯卡瓦杨角朝向内陆

133

日军登陆的先头部队

第三章　退守巴丹半岛

部的布考特山挺进，向布利吉特的部队接近。为了迎击日军，布利吉特已经有所行动了。

对日军来说，这一场遭遇战是极其激烈的。某日军士兵在日记里面写道:"我们遇到了穿着黄色制服的美军决死队，他们勇猛有如虎狼一般……到达了平坦处之时，他们总会大声地讲话，并点上香烟，引诱日军发炮。他们不仅把日军赶出了布考特山，甚至使日军后退到龙科斯卡瓦杨角。日军在这里构筑了坚固的阵地，防御军必需增加兵力，才能够把他们击败。"

1月26日夜，日军派遣陆海两军的登陆部队，试图增强基纳湾角的兵力。然而，他们又再一次自摆乌龙，弄错了登陆地点，抵达离目标地点200米的地方，又被阻住。

2月1日，为了巩固在基纳湾的立脚点，日军第三次派遣大规模的部队。因为本间雅晴不仅想增强基纳湾的部队，同时也下令朝向另一个地点马利贝鲁斯的东南方展开攻击。

菲律宾陆军巡察队从日军军官的尸体那里获得了一份增援计划的文件。既然事先已经获知了一切，那么，想在月光下发现航行的日军就没有什么困难了。日军遭受到4架P-40式战斗机攻击，又加上沿岸炮兵的炮击，混乱成一片。

不久，美军巡察队加入了战斗。这么一来，日军只好狼狈地撤退了。美菲联军以为日军已回航了。事实上，由于舰船的损失太大，无法航海，日军改在阿尼牙山岬登陆。又由于没有防御军抵

战斗间歇，一名美军陆战队员坐在沙滩上大口饮水

抗，他们得以和该地的日军会合。

日军登陆阿尼牙山岬，并没有对防御军构成很大的威胁。因为美军反应很迅速，将日本人一次又一次赶下了海。

日军登陆龙科斯卡瓦杨岬角及基纳湾岬之时，死伤不少。其中，登陆龙科斯卡瓦杨，战死了300人，登陆基纳湾，战死了600人，以致步兵第20联队第2大队已经不能称之为部队。美军也有多达500人战死。

既然从背后偷袭不成，那还得从正面突破。

美军第二道防御线，以海拔600米的沙马特山为中心，配置了第一军团、第二军团。温莱特的第一军团有3个师，而帕克的第二军团则有4个师。两军团的兵士皆因长期战斗而感觉到疲劳，但士气却未曾失去。

在1月底，奈良晃又对新战线展开了数次攻击。攻击目标是沙马特山，因为他认为这里是最主要的抵抗中心。

集结于竹丛里的第65旅团的官兵们，在抵抗线的铁丝网前面挖了散兵坑，然后于黄昏时展开攻击。在这次战争中，日军又暴露了其情报机关的无能，又犯了一次错误。他们把菲律宾第41师团的主防御线看成前哨阵地，迅速地展开攻击。这么一来，他们遭到了猛烈的机关枪扫射，以致不得不中止攻击。

这一战，约有100名日军死亡。而防御军的损失却轻微得可以忽略不计。

1月31日17时，执拗的奈良晃又下令展开攻击。这时，他们对美菲联军第2军团的炮兵阵地及防御线展开了猛烈的集中射击。然而，日军的集中射击刚告一段落，第2军团的炮兵就立刻展开反击，就连在基地的各机枪手也对集结的日军展开猛烈的射击，以致日军不得不放弃了攻击计划。

当奈良晃从自己的情报机关获得了有关美军战线后方各队动向的情报时，立即忧形于色。因为只有这时的情报是正确的——菲律宾在竹丛里面的游击队已经展开反击了，日军被弄得焦头烂额，不

掩体里的美军士兵

得不撤退。

虽然如此，奈良晃仍不认输。他准备到2月8日之时再度展开攻击，因而在这一天下午他告诉部下们，要他们密切注意下达的命令。

对于已经持续了5个星期的巴丹半岛拉锯战，本间雅晴也在反复地考虑。于是，在那天下午，他打电话对奈良晃说，暂时不要展开攻击。奈良晃或许还不知道，其实在第一次攻防战中，防御军就属于胜利者，真正的败者是日军。

不曾受过训练，还不曾习惯于战争的菲律宾人穿着一身破烂的衣服，戴着草帽，脚下蹬着永远松带的鞋。而那些穿着破衣服，耐着饥饿，因战斗而疲惫不堪的美国兵又落魄又可怜。然而，阻止日军前进的就是这些落魄的士兵——他们在精神上是令日军敬畏的。

★ **美国大兵的歌谣**

白天，敌人从空中和地面向美军发起无情的攻击；晚上，扩音器不停地嘲骂，鞭炮噼啪作响吵得他们不得安宁。绝望的情绪在蔓延，睡眠不足，食品和药品缺乏使伤亡率直线上升。

美国大兵的愤恨情绪蔓延到了菲律宾人中间。第二次世界大战时，最动摇军心、没完没了的歌词发泄了这样的情绪：我们是巴丹半岛的苦兵卒，没有妈，没有爸，没有山姆大叔，没有婶，没有叔，没有侄儿和侄女，没有枪，没有飞机和大炮，更没有人在乎！

第四章

在绝境中对峙

★ 菲律宾总统奎松向罗斯福呈送了一份最后的通告说,菲律宾将独立,并宣布中立,解除一切武装。奎松强调说,这样一来日军一定会撤退。

★ 日本人获悉麦克阿瑟可能要离开菲律宾的消息,"东京玫瑰"电台扬言:"活捉麦克阿瑟,在东京帝国广场斩首示众"。

★ 对于所有防御军的官兵们来说,主要的敌军不再是日军了。粮食不足与疾病一齐袭来,使兵士们感觉到颓废。前线官兵35%的人感染了疟疾。

★ 巴丹半岛的防御军已面临被攻破了。为了重整阵线,联军经过了一番挣扎,不过日军却毫不留情地步步逼近,使他们不得不放弃战线。

1. 绝境中的期望

虽然日军的攻击显得不规则而散乱，美军仍不能放松警戒。前线的战斗虽属小规模，不时有日军几个小支队从茂密的森林中侵入守军的主阵地。

最初的抵抗地带是在1月29日日军突破第2军团作战地域的中央部之时所形成的，被称之为"大口袋"。这里有日军步兵第20联队1000名官兵把守。麦克阿瑟调来菲律宾特种部队发起攻击，但由于日军集结在战壕中，根本就不可能把他们一扫而尽。

差不多在同时，在西北约800米处，第1军团的作战地域内也形成了小规模的日军阵地。2月6日，当美军试图包围日军之时，日军突然迅速跟进，展开了攻击。这次攻击虽然被阻止了，但却形成了很深的突入部，又被称之为"第三口袋"。

美菲军对每一个口袋都展开了扫荡，一直到2月15日中午，残留的日军第20联队才撤退回到步兵第9联队的战线。

这一次撤退虽然距离很短，但却整整耗费了4天。在这期间，日军的军粮及饮水中断，纷纷以马肉和树液充饥。

这时，日军伤亡达7000多人，还有几千人得了疟疾和登革热等热带传染病。本间雅晴想不停止进攻也不行。于是，巴丹半岛前

粮食断绝的日军采食野生植物

线出现了休战状态——双方的行动都仅限于巡逻和警戒，只有偶尔发生小规模的冲突和炮击。

可以设想，如果美菲联军抓住这个有利时机反守为攻，那么战局有可能发生转变。但是，可怜的巴丹半岛守军哪里还有反攻的力气呢？士兵们忍饥挨饿，疾病缠身，有气无力地蹲在散兵坑里，有的人连走路都摇摇晃晃。不少人因为营养不良缺乏维生素而患上了夜盲症，还有不少人染上了疟疾、痢疾、脚气和登革热等热带流行疾病。到 2 月中旬，因为疾病造成的非战斗减员急剧上升，只有一半人被认为还有战斗力。

与巴丹半岛的情况相比，科雷希多岛上的日子要好一些。麦克阿瑟曾经命令把巴丹半岛上储备的部分食品运到该岛，以便长期固守，还有在澳大利亚的美军也有少数小型船只冲破日军的海上封锁线，偷运来几千吨物资，其中有不少食品。这样，在巴丹半岛的守军士兵仅仅得到食物配给量的 1/4 时，科雷希多岛上的美国陆军远东司令部及其附属机构的"上层人"仍旧能够得到全额供给。麦克

战斗间隙，坐在坦克上的美军士兵

第四章 在绝境中对峙

阿瑟1942年1月6日到巴丹半岛前线视察以后,就再也没有在基层部队露过面,士兵们与麦克阿瑟之间的关系走向恶化。当时,巴丹半岛的守军中流传麦克阿瑟在科雷希多岛上过着贵族般奢华生活的传言,也流传着发泄不满、甚至愤恨的歌谣。

实际上,这在很大程度上冤枉了麦克阿瑟。他和他的家人及其司令部人员虽然没有像巴丹半岛前线的士兵那样忍饥挨饿,但也不过是仅仅吃饱饭而已。他的司令部虽然设在隧道里,但他的家却安在地面上,他的家人常常有遭空袭的危险。

听说麦克阿瑟及其家人在前线有生命危险,马歇尔曾经不止一次发电报催促他离开菲律宾,转移到澳大利亚去,但他回电报表示要"血战到底,与阵地共存亡"。他的妻子也坚定不移地留在丈夫身边,决心与他共生死。他很久没到部队视察,去看望部下和士兵们,表达对士兵的关爱,主要原因是他有心理障碍——他夸下海口说的"华盛顿的大批援助"一直没有影子,他拿什么去面对将士们呢!

巴丹半岛前线的战事一时呈现僵持胶着状态,华盛顿许诺的大批援助始终不见影子。巴丹半岛守军的补给日益紧张,部队的士气一天天低落,怨恨和绝望的情绪在不断地滋长与蔓延。这种情绪甚至影响到了菲律宾政府的高级官员。

此时,住在马林塔隧道正在遭受肺病折磨的奎松每当从广播中听到美国报道有成百上千的飞机大炮被运往欧洲,便会异常激动,愤愤不平。他多次对身边的人说："我不能忍受美国张口欧洲闭口欧洲。我和我的人民都挣扎在占领者的铁蹄之下。他们吹嘘的飞机上哪里去了？美国在为一门远亲——欧洲的命运操劳和苦恼，而无视自己的菲律宾女儿在后院屋里被人蹂躏！"

麦克阿瑟立即把奎松的抱怨转报给华盛顿。罗斯福亲自给奎松写信，赞扬"巴丹半岛保卫者气壮山河的抵抗"，肯定奎松"领导菲律宾人民为盟国打败侵略者做出了贡献"，并且许诺"正在竭尽全力冲破日军的封锁，给菲律宾群岛的美菲军提供援助"。但是，空头许诺和华而不实的赞美之辞，怎能安抚奎松的心灰意冷和抵触情绪呢？

此问题又加上运输力不足的问题，使战斗中的兵士们更感到失望。多数的兵士们只能采食甘蔗解决饥渴问题。

在南巴丹岛的临时屠宰场，可食用的动物一只接一只地被屠杀了。这些动物绝大多数是菲律宾农民所使用的水牛。每隔3天就有牛肉送到前线给兵士们食用，有时也加上一些鱼类。美国兵开始打猎及钓鱼。由于战争拖长，美国兵原本不屑一顾的菲律宾食物如今也感觉到习惯了。他们甚至吃起了狗肉及猴肉，"只要不是人，什么动物都可以吃"。

菲律宾人发挥了善于利用自然的天性。他们有时在丛林里面捉野鸡、野猪；有时以竹笋、芒果、香蕉等果腹；他们甚至吃蜥蜴肉及蛇蛋。军服破得不能再破，贴满了补丁，但他们依然像宝贝一样穿着。

这段时间内,最严重的问题莫过于疾病。营养失调使人对疾病的抵抗力转弱,疟疾肆虐,危险万分。

麦克阿瑟在他抵达科雷希多岛之时,把司令部设置于高原的宿舍。只要麦克阿瑟站立在屋顶,监视日军的全部兵员就能够看到他的尊容。这是由于麦克阿瑟听从了参谋的意见,说是"作为指挥官的人,必须使兵士们时常能够看到他"才如此做的。但是,一旦日军对这个暴露的司令部展开炮击之时,麦克阿瑟又把司令部移到了

岛上的美军缺少补给,导致士气低落。图为一队美国士兵排队领取食物

马林塔隧道里面。

马林塔隧道挖有几条支线，分别设置着办公室、宿舍、医院和美陆军远东司令部以及奎松流亡政府的办公室。

由于麦克阿瑟搬来此地，他每天都能够与奎松接触。奎松并没有从这场战争中得到根本的教训："欲谋求政治方面独立的国家绝不能期待他国的防卫。"美国将参加欧亚两地的战争，因而他们所计划的"彩虹5号"作战是以在欧洲获得胜利为先决条件。在长达几十年之中，奎松一直主张美军撤出菲律宾，并从美国统治下获得独立。然而，他并没有察觉到前途充满了荆棘。因此，麦克阿瑟除了遭受日军激烈的轰炸之外，还得听听奎松的"疲劳轰炸"。奎松不时地指责美国援助菲律宾失败，催促麦克阿瑟向华盛顿政府要求更多援助。

奎松总是以颓废的口吻说"祖国如今正面临着历史的审判"。他时常对菲律宾国民说："只有神知道，在我进入坟墓之前，是否能够再一次向各位说话。"

奎松的失意或许值得同情，他由失意所产生出来的苦恼却被麦克阿瑟利用到了别的地方。作为一个指挥官来说，当他顿悟到自己负责任的舞台只具有次要性的意义之时，难免会产生挫折感。在这期间，奎松是他的同类，也变成了他向华盛顿施加压力的支持者。

随着战争拖长，尤其是日军陆空攻击波及科雷希多岛之后，奎松的情绪更恶劣了。在回忆录中，麦克阿瑟刻意描写着"坐在轮椅里面，为肺结核所苦的奎松"。

到后来，为了使美国参谋本部同意提供物资与增援部队，奎松向罗斯福呈送了一份最后的通告说：菲律宾将独立，并宣布中立，解除一切武装。奎松强调说，这么一来，日军定会撤退。罗斯福对此深信不疑。

正如奎松所预期的一样，这份通告使华盛顿的官员大为震惊。罗斯福回复说，他同意菲律宾军与日军达成投降服协议，但却指示麦克阿瑟继续抵抗日军。罗斯福在他的私人记录里面如此写着："奎松也未免太没有现实性了，日军真的会尊重中立宣言吗？奎松也太天真了，因为日军是最善于利用被占领国国民的。"

不过，奎松所说欲宣布菲律宾独立，只不过是一种恫吓而已。因为他时常听到部属们说看到遭受日军拷打的美国人或菲律宾人的尸体，那些尸体都是断手断足的，惨不忍睹。可见，奎松比起隔一个太平洋的罗斯福来，更明白日军对菲律宾人的态度。

麦克阿瑟虽说过他无法支持奎松的提案，然而奎松写给罗斯福的信事先已获得了他的承诺。在奎松的信封里，附有一份麦克阿瑟给马歇尔的公文，说部队已处于败北边缘，不知何时将面临灭顶之灾。然而，当一切变成事实之后，麦克阿瑟又没有同意菲律宾军投降的意图。

麦克阿瑟与奎松努力向华盛顿政府要求援助，显示出他们根本不理解美国当时物资供给的问题。往日，当哈德在优势的日本海空军之前，下令贫弱而小规模的美国远东舰队去冒险之时，麦克阿瑟曾经踌躇不前，因而被哈德非难为"败北主义者"。这一次，华盛顿或许仍对他有所疑惑？比照往日的经验之后，到底何种形式的援助较有用处呢？

总之，"世界无与伦比的重轰炸机的集结"，在战争第一天即失去了，而日军又以较麦克阿瑟军少的部队展开登陆，在麦克阿瑟正确预测到的地点，展开了战略性的奇袭。麦克阿瑟与奎松都把"彩

一架超低空飞行的日本战斗机攻击美军阵地

虹5号"作战的优先权，完全照着字面解释了——并非说欧洲战线为第一，就把他们所要求的援助完全忽略了。

即使在日军侵略荷属东印度的两个月之前，欲打破封锁，从澳大利亚与吕宋取得联络是一件很困难事。而且，速度够快、船身够大的船舶几乎很难在澳大利亚找到，船员也是奇缺。

虽然如此，那些在澳大利亚执行马歇尔指示的美军补给军官们并没有坐以待毙。当海上运输再也不可能实施之时，他们想起了利用空运及潜水舰的方式。不过，这两种运输方式只能做到小规模的援助。

★菲律宾总统奎松的牢骚

美国援军迟迟不来，奎松不顾病痛折磨，亲自给罗斯福写信，发泄他的不满：我们被华盛顿遗忘的日子还要继续多久？难道华盛顿早已认定菲律宾无足轻重才迟迟不给菲律宾任何援助？坐视我们的抵抗力量消耗殆尽……

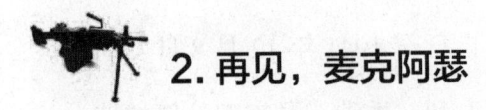

2. 再见，麦克阿瑟

日军利用美国援助迟迟不见踪影从事宣传活动。日军的马尼拉广播电台不停播送主题曲《任凭你如何去等，船儿也不会来》，并且以女性播音员充满了魅力的声音唱美国民谣，诱使美国大兵们害起思乡病来。

对于菲律宾人，日本人则煽动他们早日完成独立的愿望。麦克阿瑟父亲的敌对老将军——阿基纳尔德到处鼓吹，说日军将给予他们"光荣的独立"。他还劝导菲律宾人停止抵抗日军。他强调说，日本东条英机首相在议会上面已经再三保证菲律宾独立。

日本人既然如此说，那么奎松的计划势将受到支持。想到此，华盛顿的官员们无形中受到了打击。

1942年2月20日，奎松带着妻子艾罗拉借口私事乘坐潜水舰到了澳大利亚。在出发之时，他摘下了刻有自己印章的戒指，把它套在麦克阿瑟的手指上，并对麦克阿瑟说："我之如此做，乃是当阁下的尸体被发现之时，我要使菲律宾国民了解，阁下是为敝国而捐躯的。"虽然麦克阿瑟曾经对马歇尔说"我们不知何时将面临灭顶之灾"，以及奎松对他如此告别，但是他还没有舍弃希望。有人建议，麦克阿瑟的夫人与儿子亚瑟应该跟奎松乘潜水舰同行，然而，他夫人却坚决地拒绝了。

21日，马歇尔来电话，要求麦克阿瑟撤离。华盛顿方面早就在考虑麦克阿瑟的人事安排问题。自日军1941年12月8日发动进攻以来，盟军在太平洋战场上连连失利，香港、马来亚、新加坡、关岛和威克岛等地先后失陷，唯独菲律宾的巴丹半岛燃烧着顽强抵抗的烽火，这使麦克阿瑟成了美国公众心目中的英雄，新闻界把他捧上了天，许多国会议员提出把他调回国担任军方领导人。

这时，罗斯福和陆军参谋长马歇尔正在物色西南太平洋战区盟军总司令的人选。他们不约而同地想到了麦克阿瑟。他们认为，不管麦克阿瑟多么傲慢自负，多么难以与人相处，但他毕竟是一位杰出的军事将领，具有非凡的军事指挥才干，让他困守巴丹半岛或者就这样牺牲在菲律宾战场实在不值得，也无法向美国公众交待。在此国家危难，急需军事人才之时，他应该发挥更大的作用。

马歇尔叮嘱麦克阿瑟把司令部移到菲律宾南端的民都洛岛。其后，为了指挥西南太平洋的盟军，麦克阿瑟必须到澳大利亚。麦克阿瑟完全无视这个命令。据他说，他曾经对马歇尔恫吓说，如果华盛顿政府逼人太甚的话，他将辞去现有职务，以一个美国志愿兵的身份参加巴丹半岛防御军。

麦克阿瑟也知道，华盛顿并不是真正要他离开菲律宾。麦克阿瑟周围的人也说："他所应该走的道路，乃是转赴到澳大利亚，然后率领军队再度返回菲律宾，以便解放菲律宾群岛。"

麦克阿瑟之所以踌躇，不愿离开菲律宾，有着种种理由。奎松已走，菲律宾政府的责任必须由他挑起来——事实上在战争开始以来就由他挑了起来——除了军部的统帅之外，这也是他分内的工作。同时，他也认为，战争正在转换期。即使是一次又一次地败北的军队，只要努力获得了最后胜利，这种胜利就值得骄傲自豪。

对于巴丹半岛防御军来说,日军停止攻击,就意味着他们的胜利。事实上,有不少军官主张,应该从巴丹半岛展开攻势,打击日军。后来,本间雅晴说:"如果那时美军真的展开了反攻,那么日军根本就无法应付。"

不过,麦克阿瑟却非常现实。他认为,既然没有优势的航空兵力,空想反攻毫无用处。他时常说:"夺回失去的土地以及是否有夺

运输补给的美军士兵

回土地的能耐完全是两回事。"但受了当时蠢蠢欲动的军官们感染，他也难免有展开攻势的冲动。麦克阿瑟真正的意图是想借展开攻势的机会，夺取日军补给基地——如果真的能赶走日本人，物资供给的问题就能够迎刃而解。

除外，还有一个表明防御军官兵及指挥官们想法的传说。那就是3月8日传播媒体所说的本间雅晴自杀那件事。大意是说，本间雅晴承受不了败北的耻辱，羞愤地切腹自杀了。事实上，这根本是空穴来风。但这种无根无据的谣言，又被加上了一条漂亮的尾巴，显得颇有传奇意味——本间雅晴对美军大表称赞，然后在马尼拉饭店麦克阿瑟住过的房间内自杀。

麦克阿瑟获悉，在那个时候，3艘支援船正驶出澳大利亚的达尔文港。不管是这两则消息中的任何一则，似乎都在暗示着巴丹半岛防御军的命运已有了变化的端倪。或许就是这些传说的原因，麦克阿瑟才迟迟不愿离开菲律宾吧？

到2月23日，麦克阿瑟才得知华盛顿根本没有重视菲律宾。无奈的他才向马歇尔报告，同意转赴澳大利亚，但是离开的时机应由他自己选择，他需要做好人事调整等方面的安排，以避免因他的突然离去而引起守军混乱。麦克阿瑟建议，温莱特接替他的职务，而爱德华·金则接替温莱特的职务，任巴丹半岛守军司令。

本间雅晴在听到了美军盛传他业已自杀身死之时，虽然为之迷惑不解，但也感觉相当有趣。他依然一副嘻嘻哈哈的样子，不过，日军大本营对他的战绩却一点也不满意。

日本大本营并不把重点置于不生产重要原料的菲律宾，而只把它当成后续诸攻势作战的铺路石。正是因为如此，当本间雅晴在菲律宾全力打击美菲联军之时，日军大本营却把本间雅晴最好的部队调走。加上美菲防御军浴血奋战，日本第14军才遭受严重损失，导致不得不中止攻击。

东京大本营所派遣的参谋眼看到巴丹半岛还在激烈的战争之中，而在马尼拉的日军军官竟然过着安乐的生活，大感不满。结果，包括第14军参谋长前田正美在内的多数参谋军官被调走了。

本间雅晴慌了，连忙向日本大本营诉苦，驳斥被派来视察第一线的参谋们，承认日军把美菲联军的数量及作战的士气低估了。因而到3月中旬，日本又派来了增援部队。

奈良晃指挥的第65旅团及第16师团各被补充了3500名士兵。3月15日，北野宪造所统领的第4师团也从上海到达了菲律宾。

第14军的参谋对增援部队完全没有热情。因为本间雅晴认为第4师团为"全日军之中装备最差的师团"。此师团定员为11 000名，拥有装备重炮的炮兵部队。在数日之后，他们到达了。该师团装备有240毫米口径榴弹炮10门，是用来炮击科雷希多岛以及其周围岛屿的。

日本在增兵，麦克阿瑟却要走了。美军首先以潜水舰把麦克阿瑟的亲人们送到澳大利亚的民都洛岛。日本人获悉麦克阿瑟要离开菲律宾的消息，"东京玫瑰"电台扬言："活捉麦克阿瑟，在东京帝国广场斩首示众"。为了安全起见，也因为盟军总司令一职急需麦克阿瑟去上任，马歇尔又发电敦促他赶快动身。

麦克阿瑟最后决定于3月11日出发。临行前，麦克阿瑟把他西点军校的同学乔纳森·温莱特请到马林塔隧道话别，向他移交指挥权。

美军离开菲律宾

"吉姆，"麦克阿瑟说，"我是多次反对无效后才不得不离开的。这一点，我请你和你的部下理解。"

"是的。"温莱特没有别的话可说。

"坚持下去，我到了澳大利亚后，会竭尽全力帮助你们的。我相信你能坚持下去！吉姆。"

"我会尽力而为。"温莱特的语气中有几分伤感和几分勉强。

1942年3月11日晚，麦克阿瑟一行22人乘PT-41号鱼雷快艇等4艘鱼雷快艇离开科雷希多岛。出发前，温莱特等几位高级军官为麦克阿瑟送行。麦克阿瑟再次叮嘱他："一定要坚持下去！"他登上PT-41号鱼雷快艇时，依依不舍地最后扫视着战火中的岛屿，听着远处断断续续传来的炮声，内心仿佛有无限的凄苦。

按照原来的计划，海军准备派潜艇去接送他，但是麦克阿瑟执意不坐潜艇而率领由他掌握的最后4艘鱼雷快艇冲出日本人的海上封锁线。有人推测，他之所以要如此冒险，是想以此来证明冲破日军的海上封锁并非难事，想要使美国海军感到难堪。

他们计划，鱼雷快艇经由库约群岛的塔加瓦延岛，驶往菲律宾群岛最南端棉兰老岛北岸的卡加延湾，在那里的德尔蒙特机场改乘飞机去澳大利亚。途中他们要突破日军层层的海上封锁线，航行35个小时，驶过600多海里的海面。

船队的应变计划是：一旦与日军舰船遭遇，3艘快艇立即甩掉汽油桶等负荷，快速迎上去，向日本军舰发射鱼雷，掩护麦克阿瑟

第四章 在绝境中对峙

道格拉斯·麦克阿瑟

乘坐的PT-41号鱼雷快艇高速逃逸，然后自行脱离战斗，到下一个预定地点会合。遇有敌情时，各快艇必须绝对保持无线电静默，不得打开识别灯。

麦克阿瑟的海上冒险开始了。在夜色朦胧中，麦克阿瑟一行离开马尼拉湾，4艘鱼雷快艇成一路纵队，高速驶向波涛滚滚的大海。整整一夜航行，运气还好。只是在船队行驶到卡夫拉岛时，差点与日本海军巡逻舰队遭遇。船队立即改变航向，饶过日军巡逻舰队溜了出去，有惊无险地闯过了日军第一道封锁线。

12日拂晓前，日军巡逻舰又一次几乎发现了他们。日军巡洋舰上的观察哨似乎听到了引擎声，打开探照灯向海面上搜索，没有发现什么，又熄灭了灯光。

拂晓前，正当麦克阿瑟等人庆幸又躲过一劫的时候，他们险些挨上自己人的鱼雷。原来，失去联系的PT-32号鱼雷快艇已经跑在PT-41号鱼雷快艇前边。该艇艇长在黎明的微光中，依稀看到一艘大艇从后边追了上来，航速达30多节，误以为是日军的巡洋舰，立即命令快艇清理甲板，装填鱼雷，准备战斗。在即将开火的一刹那，他们惊异地发现鱼雷瞄准的正是麦克阿瑟的PT-41号鱼雷快艇！事后，他们心有余悸地解释说，PT-41号鱼雷快艇在黎明的微光里被奇异地放大了。

麦克阿瑟乘坐的快艇总算安然无事地闯过封锁线。但由于担心敌人电子侦察，他们必须保持无线电静默，加之夜间海上能见度极低，4艘快艇在通过封锁线时失去了联系。黎明时分，PT-41号鱼雷快艇遇到了失散的PT-32号鱼雷快艇，傍晚驶抵第一个预定会合点塔瓦加延时，与先期到达那里的PT-34号鱼雷快艇会合。但是，失散的PT-35号鱼雷快艇仍旧不见踪影。

12日晚7点左右，夜幕完全降临了。3艘快艇再度起航，PT-34号鱼雷快艇在前，PT-41号鱼雷快艇居中，PT-32号鱼雷快艇断后，高速驶出隐蔽地点，继续航行。

麦克阿瑟乘坐的舰艇遭遇到了海上刮起的大风。海面上波涛汹涌，巨浪滔天，小小的快艇犹如大海中的一片树叶，随着波浪上下起伏左右颠簸，舱室里的麦克阿瑟等人就像待在水泥搅拌机里一样，被折腾得死去活来，一个个几乎把肠胃都吐了出来，脸上和身上被撞得到处是伤。浪头涌上甲板，灌进了后舱，人人都浑身湿透，冷得浑身发抖，嘴唇青紫。

继而，他们又碰上了一艘日军巡洋舰。那艘巡洋舰可能是开向马尼拉湾的，途中与麦克阿瑟的快艇不期而遇。双方距离太近了，要躲避或者逃跑已经根本不可能。指挥航行的巴尔克利紧张极了。他命令关掉发动机，准备发射鱼雷。这里已经远离封锁线，日本人根本就没有想到，他们遇到的小船上竟有东京悬赏捉拿的头号敌人麦克阿瑟。他们虽然看到了麦克阿瑟乘坐的快艇却没有引起警觉，而是按照原来的速度继续前行。事后，日本人得知麦克阿瑟乘快艇出逃的消息，追悔莫及。

后来，麦克阿瑟回忆说："当时，我们几乎停止了呼吸，等待那即将让我们暴露身份的第一批炮弹打过来……几秒钟过去了，几分钟过去了，敌人的战舰没有发出任何信号，只是穿过我们的航道缓慢地向西行驶过去了。"

3艘快艇一旦脱离日军巡洋舰的视线，就开足马力，以最大速度继续向东航行。危机总算过去了。麦克阿瑟一行终于逃过生死劫，于3月13日7点到达仍旧在夏普指挥的美菲联军控制之下的棉兰老岛北部的卡加延湾，吃上了自从马尼拉撤退以后再也没有吃过的丰盛饭菜。尔后，麦克阿瑟于17日改乘B-17式轰炸机飞往澳大利亚。

飞机原准备在达尔文机场降落，但中途被前去轰炸达尔文机场的日本轰炸机发现并尾追，被迫改向巴切勒机场降落。多亏日本轰炸机帮忙，迫使麦克阿瑟的座机在空中及时改变航向，不然他们真有可能在达尔文机场上被日本飞机炸得机毁人亡。

随后，他又换乘一架C-47式飞机，于当天13点安全抵达澳大利亚小城艾丽斯斯普林斯，然后改乘火车前往目的地——墨尔本。在途经阿德莱德车站时，麦克阿瑟应邀向闻讯赶来的新闻记者发表讲话，作了一个世界军事史上非常著名的恺撒式声明：据我所知，美国总统命令我冲破日本人的防线、从科雷希多岛来到澳大利亚的目的是组织进攻日本。其中一个主要目标就是解放菲律宾。我脱险了，但我还要回去！

"我还要回去"从此成了麦克阿瑟的一句名言。这一句话通过媒体传播到世界每一个角落,被人们写在报纸、杂志上,被写在墙壁、海滩上,被印在香烟盒、火柴盒、邮票上,甚至被加进祈祷词中。它成为处在日军铁蹄之下苦难民众的希望,成为地下反抗者的火炬,成为前线士兵的战斗号角。

在澳大利亚的美军指挥官布雷德打电话给澳大利亚首相卡丁说:"为了指挥军队之故,麦克阿瑟已经到达了。"他又对澳大利亚首相卡丁说:"如果澳大利亚政府任命麦克阿瑟为西南太平洋盟军总司令的话,美国总统将倍感荣幸。美国国民也会感觉到相当满足。"卡丁在简单地获得内阁的意见之后,当天就对华盛顿及伦敦说,他已办了这一件事。

★菲律宾人给麦克阿瑟发奖金

奎松总统离开巴丹半岛的时候,大通银行菲律宾财政部账户上有50万美元将转入纽约美华银行麦克阿瑟的私人账户上——这样一个非同寻常的要求必须得到罗斯福批准,来往电报要保密。

这一笔钱是根据奎松总统1942年1月3日行政命令拨出64万美元当中分给麦克阿瑟的一部分,虽然数目不算多,却是为了报答这位将军、他的参谋长和另外两位"制造了现在正在战场上狠狠打击敌人的武器"的军官所作出的"杰出贡献"。

3. 温莱特的噩运

麦克阿瑟轻易逃脱，东条英机对本间雅晴大为恼火。东条英机责令日本大本营修改菲律宾方面的作战计划、增加兵力，准备发起新的攻击。至1942年4月初，日军向巴丹半岛增派的兵力有：第4师团全部，第5师团、第18师团、第21师团各1个旅团，重炮兵1个联队（装备口径240毫米火炮），山炮1个联队，飞行第60战队、第62战队（两个战队均装备重型轰炸机）。

当一支军队被敌军围攻，又是饥饿，又是疾病威胁，而又能够拼死地作战，是非常难能可贵的。然而，当最高指挥官弃官兵们而去之时，意味着放弃了最后的战斗，战况再也没有任何的指望。即使兵士们如此地想，也是无可厚非的。然而麦克阿瑟却一直确信防御军已使日军决定性败北，他离开菲律宾，只不过是欲组织增援军以便提高士气而已。因而，他离开之时一点也不颓丧，反而充满了希望。

代替麦克阿瑟的温莱特下令把远东美陆军改名为驻菲美军，并任命远东美陆军炮兵军官爱德华·金为吕宋部队司令。这么一来，在巴丹半岛方面，金将代替温莱特的任务。对于麦克阿瑟"坚持下去"的命令，他们一直认为并非容易的任务，并没有抱持任何幻想。

巴丹半岛的前线阵地与往常一样,由第1军团、第2军团所分担,全长达20公里。强斯负责温莱特原第1军团的作战地区,他手下有32 000名官兵。右翼,也就是偏东的帕克的第2军团,总共有28 000名官兵。主要的残留步兵部队菲律宾师团则被编成吕宋部队的预备部队。

第1军团约有50门火炮,几乎全是75毫米口径野炮,榴弹炮只有两门。第2军团则有约100门的火炮,同样皆属于75毫米口

巴丹半岛前线阵地的美国士兵

径野炮，口径 76.2 毫米的岸防炮有 3 门，小炮则有 12 门。监视器材，榴弹炮，射击指挥器材，通信器材，汽车等都严重不足。

此时，美菲联军已接受过丛林战的训练，防御线被修好了，战壕与防空洞替代了散兵坑。地雷被敷设了，全前线都以竹子围成了 3.6 米宽的栅栏。虽然竹子没有作为障碍物的价值，但却可以给兵士们安全感。

对于所有防御军的官兵们来说，主要敌军不再是日军。粮食不足与疾病一齐袭来，使兵士们感觉到颓废。前线官兵 35% 的人感染了疟疾。到了 3 月中旬，有 3000 名官兵住院，3 月末，每天竟然有 1000 名的病患，前线官兵的 75% 到 80% 先后遭受过疟疾蹂躏。

为了突破日军的封锁线，美军组织起了船队。这个时候，其中的 3 艘抵达了与巴丹半岛仅仅一水之隔的港口城市西布。他们运来了 1 万吨食粮与 400 万发弹药。同时，为了防止疾病流行，它们也空运来了医药品。

然而，这对巴丹半岛的兵士们毫无用处。因为根本就没有办法把这些物资从西部运往巴丹半岛。

由于增援部队陆续到达，本间雅晴又准备发起攻击。事实上，他一点也不感觉到轻松。因为，每次战斗都产生很多死伤者，加上疾病以及营养失调等，已经严重影响了军队的战力。步兵部队的战力已显著降低了。

日军第 14 军的后勤供给日益困难，粮食分配从每天 1.75 千克减少到 0.65 千克。官兵因疟疾及热带病纷纷地倒下去,从 1 月 1 日到 3 月 31 日为止,计有 13 000 名官兵被送入医院。日军不得不停止攻击,部分原因就在此。

日军到达的增援部队虽没本间雅晴所要求的兵力多,然而状况却好转多了。本间雅晴以这些兵力为基础,定下了攻击计划。美菲防御线中央耸立着沙马特山,沿着此山斜面的美军配置着炮兵。本间雅晴认为,有夺取此山的必要。因而,他定下了计划:

二战时菲律宾居民的艰苦生活

先朝向东南方进军，然后向西折，以便包围沙马特山，接着再进攻马利贝鲁斯。此计划已被传达给各级指挥官。同时，本间雅晴为了使美菲防御军没有在科雷希多岛再集结的机会，准备对科雷希多岛展开攻击。

在奈良晃第65旅团支援之下，第4师团将对沙马特山展开强攻。新到援军21师团分遣队约4000名官兵，负责保护攻击部队东翼。同时，第16师团对美菲联军第1军团前线展开牵制进攻，陆海航空联合部队也对美军战线展开猛烈轰炸。在步兵冲锋之前，日军将对美菲联军实施炮击。攻击日定为4月3日，攻击时刻为午后15点。

在展开攻击之前，本间雅晴劝美菲联军总指挥官温莱特投降。本间雅晴把备忘录放在啤酒罐里面，系上一条精致的丝带，然后从飞机上抛下，劝告温莱特承认"有名誉的败北"。温莱特不理会他这一套。

与此同时，菲律宾军巡察队从死亡的日军军官身上找出了大规模搜索沙马特山的命令书。原来，在3月26日以后某时刻，日军将展开攻击沙马特山的预备行动。

于是，沙马特山防御准备加强了。不久，日军开始进攻沙马特山。由于美菲联军没有任何的高射炮，日军飞机得以为所欲为地轰炸。

1942年4月3日是日本神武天皇驾崩的纪念日。日军在这一天

第四章 在绝境中对峙

受伤的日本士兵

进攻时，士兵们打赌在下一个纪念日——即天皇诞生日就可打完这场战争。这一天早晨，美军监视兵发现了日军约19个中队的野炮以及约10个中队的榴弹炮有进攻迹象。

上午9点左右，日军约有150门火炮集中射击。同时，日军航空部队也对美菲联军第一线各个阵地展开猛烈的轰炸。各个阵地的防御设施被炸毁了，电话线被炸断了，官兵所藏匿的丛林也燃烧了起来。

日军空中及地面的炮击一直继续到下午。其后，日本步兵展开了猛烈的冲锋。奈良晃65旅团所属的战车部队突破了第2军团的左翼阵地，渡河南进。这里的菲律宾防御军虽稍事抵抗，但却很快崩溃了。

到了夜晚，日军由于攻击比预料的更成功，个个笑容满面。而疲倦、饥饿以及被疾病所困的美菲防御军，在日军展开轰炸时即失去了抵抗意志。至少，菲律宾陆军第41师团因日军炮击而崩溃了。

远在澳大利亚的麦克阿瑟没有忘记他的兄弟们，在他的帮助下，澳大利亚政府游说美国媒体宣传"太平洋第一"的主张。麦克阿瑟从菲律宾到达澳大利亚的时候，人们把他当做英雄来欢迎——

菲律宾的一处美军阵地

但他却发现，他预料已经集结好了的、只等着他在打败日本战役中予以指挥的同盟国陆军和空军部队压根就不存在。

麦克阿瑟急于兴师收复菲律宾，在墨尔本孟席斯饭店建立了司令部。他虽然没有一支军队，却众望所归：国会的压力迫使总统授予他荣誉勋章，在美国各地，一些街道、大坝、公共建筑、儿童，甚至一种舞步，都以他的名字命名。民意测验表明，多数美国人认为他是战争英雄。民意测验还表明，美国人希望他回到陆军部，有人还要求他当共和党总统候选人。麦克阿瑟精明地利用了这些。他举行记者招待会，向澳大利亚议会发表讲话，在广播电台发表演说，借以表示他要求得到"足够的军队和足够的物资"来向日本人发动进攻。

★ "诗人将军"本间雅晴

本间雅晴生于日本新潟县，毕业于日本陆军士官学校19期，1917年进入参谋本部，1918年留学英国牛津大学，充当西线观战武官，从此和英国结下不解之缘。他爱看西方电影，在战争期间作画、写诗，有"诗人将军"的绰号。1938年7月15日，中国屯驻旅团改编为第27师团，本间雅晴接替山下奉文出任第27师团第一任师团长。参加侵华战争中的武汉会战，在11军司令冈村宁次指挥下沿长江南岸进攻。

1940年月2日，本间雅晴成为"台湾军"司令，写成了著名的台湾派遣军之歌。太平洋战争爆发时，因为他兼有参谋工作和野战部队指挥官经验，被内定为第14军司令，隶属于寺内寿一的南方军，负责攻略菲律宾。

日本在1945年投降之后，他作为战犯在马尼拉受审。麦克阿瑟为了报在菲律宾失败的一箭之仇，下令在马尼拉郊外将其枪决。本间雅晴被认为是一个优秀的军事理论家，但缺乏实际指挥控制力。他在日本陆军中被认为是一个不合格的将领。

本间雅晴身高1.8米，风度翩翩。他曾经两次结婚，还与多名女演员有染。他的第二个妻子富子在他受审的时候出庭作证，苦苦哀求法庭免除了本间雅晴被日本人认为是最耻辱的绞刑绞死，而判决了枪决。

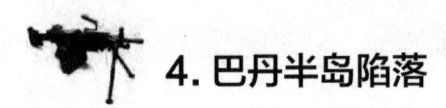

4. 巴丹半岛陷落

闷闷不乐的麦克阿瑟等待着华盛顿的参谋长联席会议解决他们的战略分歧。当得知华盛顿决定坚持"欧洲第一"的战略重点，并且不会任命一位最高统帅来指挥太平洋战争的时候，麦克阿瑟更加懊恼了。

如同多数美国人一样，他认为他从科雷希多岛调回来就是为了担任这一要职的，但陆军和海军之间的冲突使这一任命成为不可能。海军拒绝接受由一位陆军将领发号施令，理由是既然海军作战将决定抗击日本战争的进程，尼米兹必定是当然人选。但尼米兹的军衔比麦克阿瑟低，资历也比他浅。

对日作战的指挥权将由陆军、海军平分，尼米兹担任太平洋地区总司令。这个地区包括新西兰、萨摩亚、斐济，西至160°黄经圈——这是西南太平洋地区盟军最高统帅麦克阿瑟管辖区的东部界限。苏门答腊、马来亚、缅甸和印度洋仍由英国人控制。

麦克阿瑟发现自己的职务原来是"澳大利亚、新几内亚、所罗门、菲律宾盟军陆、海、空军总司令（与尼米兹职位相等）"。他

尼米兹

仍然深信不疑的是,"在有关这场战争的所有错误决定中,最莫名其妙的恐怕是没有建立太平洋的统一指挥。"他对华盛顿的"海军阴谋集团"本来就深怀怨恨,曾经骂它剥削了他在菲律宾的增援部队,现在对它更嫉恨在心。他认为,正是这个小集团使他不能担任太平洋的最高统帅。他很沮丧地发现,参谋长联席会议的命令剥夺了他的统帅权。这道命令把很大部分的指挥权保留在参谋长联席会议手中,以避免太平洋的几个管辖区日后发生竞争。麦克阿瑟不得不向马歇尔汇报,并从他那里接受命令。

最使麦克阿瑟恼火的是,他发现他既不能"直接指挥任何一国的部队",也不能左右战略。西南太平洋盟军的陆军部队由澳大利亚人托马斯·布莱迈指挥;美国舰队澳新海区海军司令赫伯特·利里负责海上作战。盟军空军最初由乔治·布雷特指挥。后来麦克阿瑟设法撤掉乔治·布雷特,换上自己的"巴丹帮"中的人——这个人已在澳大利亚建立了司令部。麦克阿瑟还不能说服马歇尔把温莱特提升为四星上将,以便让他统率仍在菲律宾进行战斗的所有美国部队,包括游击队。麦克阿瑟对此提出抗议也不管用。

争夺巴丹半岛的战斗仍在激烈进行,温莱特恳求提供援助,麦克阿瑟却无能为力,他能提供的只有诺言。在科雷希多岛,守军期望的救援船队始终未见到达,使他们更加感觉到被抛弃了。"如果日本人胆敢进攻科雷希多岛,他们将会发现我在这儿,不管我接到什么样的命令。"温莱特对他的士兵说。

第四章 在绝境中对峙

在巴丹半岛前线散兵坑里，半饥饿的美国和菲律宾士兵几个星期以前就把最后一批驮马和骡子吃光了。营养不良带来了疾病。疾病使兵员逐渐枯竭。而他们还要抵抗敌人不断发动的进攻，保卫自己的阵地。这些士兵骨瘦如柴，像脚气和痢疾这样的消耗性疾病使他们身体极度虚弱，甚至连枪都举不起来。

日军推进到沙马特山下时，连一向慎重的本间雅晴也撤回了一切限制，命令各个部队继续展开攻击，以便于4月占领沙马特山。

一辆损坏的谢尔曼式坦克

美军已经抵抗不了日军的疯狂进攻。4月5日，一部分菲律宾部队在日军进行地面攻击之前撤出了战线。又由于奈良晃指挥的部队绕过了防御军的侧面，防御军慌张地撤退了，以避免被包围。

即使不怎么被看好的日军第4师团，也战果累累。同一天，首次参加战斗的日军第4师团步兵第8联队于别的地点突破了菲律宾战线。差不多在上午10点左右，美菲防御军开始往主防御线全域撤退。

有了这种战果，日军感觉到满足。不过，日军主攻击只实施到

巴丹半岛登陆作战的日军

第四章　在绝境中对峙

中午。这之后的攻击，日军是以临机应变的方式进行的。在这一天天黑之前，日军的攻击已经比预料中早进行了 24 小时，因而如今的态势，日军已经可以向沙马特山顶冲锋了。

日军又展开了炮击。上午 10 点，日军第 4 师团分两纵队行进，但由于遭遇到移往新防御线部队的顽强抵抗，差不多无法前进。不过，突破左翼方面的日军获得成功，美菲联军炮手们不得不毁坏兵器，很快后退。

美菲防御军不断地在后退。依照日军的进攻速度看来，到了黄昏以前就很可能占领美菲联军第 21 师司令部。官兵都抄着小路后退，然而，第 21 师师长卡宾却变成了俘虏。30 分钟之后，第 21 师所残留的炮兵部队也遭到攻击。这一回，炮手们已经无法在后退之前把自己的火炮毁掉了。

这一夜，在空荡荡的第 21 师司令部，进攻的两个日军纵队握手会师。

其实，美菲守军之所以采取保守战法，是打算在能够有足够力量反击之前，全力阻止日军进攻。为了实现这个目的，预备部队投入了一切可以使用的兵力。然而，当这些美菲联军欲前往攻击扫荡沙马特山的日军时，各道路上却充塞着不断后退的菲律宾军，以致前进变成了不可能的一件事——当他们到达战线之时，第 21 师团已宣告崩溃，目标地点已经丧失了。上级下令迅速占领新的制高点，但为时稍晚。

预计参加反击的第 21 师本身已经减少到 800 人，当指挥官还在请求指示之时，日军已攻击了第 31 步兵联队的前哨，以致原本计划当反攻主力的部队不得不匆忙进入防御。

美菲联军第 41 步兵联队获得了些微胜利，却遭受到日军反击，被迫撤退。第 45 步兵联队追击日军第 65 旅团前哨，前进了约 15 公里，然而却为强大的日军防御线所阻止。

菲律宾马尼拉湾的门户处，科雷希多岛美军堡垒加固阵地上的一座大型岸炮正在开火

如今，美菲防御军非常凄惨。第2军团右半部被日军突破成两部分，以致不能互相帮助。沙马特山被日军占领。日军转移到第2军团翼侧方向，企图攻击到东方海岸线。他们进入到美菲联军主防御线后方约6公里之处。

巴丹半岛的防御军已面临被攻破。为了重整阵线，美菲联军经过了一番的挣扎。不过，日军却毫不留情地步步逼近，以致他们不得不放弃战线。美菲联军反击的命令虽一度被发出，但最后被撤回。因为多数防御军不断地后退，充斥于道路上，以致反击日军的美菲联军不能前进。

随着军队解体，多数的部队被消灭了"仅仅两天，军队就消失得无影无踪了"。美国人写的战史如此说。

在这期间，日军一直进军到东海岸。以前立下战功的菲律宾第26骑兵联队，为了挽救时局再度被投入反击日军的战斗之中，然而，这个著名的特种部队却没有马匹。因为马粮不足，马已经纷纷遭到屠杀。

第26骑兵联队对日军展开攻击时，日军炮兵举全力反击，日军第16轻轰炸机联队也协助作战，以致第26骑兵联队不得不后退。

到4月7日夜晚，日军差不多已获得了胜利。美菲联军第2军团的主要防御线差不多被夺尽。

日军约有630人死伤。不过，仍有毫无死伤者的部队。

美国随军记者写道："4月3日，日军发起总攻。上午10点，日军集中轰炸机和各种火炮进行攻击。密集而猛烈的炮火使盟军阵地好像刚刚被犁过的庄稼地，士兵们躲在散兵坑里，捂着耳朵不敢探头，有些士兵实在忍受不住，便跳出散兵坑，钻进了不远处茂密的丛林里。不一会，日军轰炸机投下了大量燃烧弹，引燃了那一片灌木丛和树林。顷刻间，大火烧死了不少士兵。下午15点，日军步兵大举进攻，他们端起刺刀，跟在隆隆开进的坦克后边，高呼着口号，向前猛冲。

"这时的巴丹守军几乎完全丧失了战斗力。长时间的饥饿使他们骨瘦如柴，体力不支，有的连枪都举不起来。在日军强大的攻势面前，他们一触即溃，纷纷弃阵而逃。巴丹东半部防线出现了4-5公里长的大缺口，帕克虽派出预备队，企图堵住缺口，但是根本无济于事。到4日下午黄昏前太阳旗就插到了巴丹山的山顶上。

"到次日中午，第二道防线的右翼全线崩溃。帕克彻底绝望，他不得不随溃兵一起后撤。"

本间雅晴趁机扩大战果，调整兵力，开始向巴丹防线左翼展开攻击。

远在澳大利亚的麦克阿瑟命令温莱特："在任何情况下都不许投降！如果食物弹药不足，你们可以发动一次反攻，从敌人那里夺取。"当时，他发出这样的命令实在太不现实了。士兵们的肚子是空的，许多人连走路都打晃，还谈什么反攻呢？尽管如此，温莱特还是服从了这一命令，要求前线指挥官爱德华·金立即发动反攻。

但是爱德华·金却回答说，这是根本不可能的，我们再也没有力量进行有组织的抵抗了。

尚在科雷希多岛的总指挥温莱特虽然发出了这一道最后的命令，但他却知道很难达到这个最后的目的。因为美军的官兵们因疾病与饥饿，差不多已处于死亡边缘了。

事实上，巴丹半岛的状况比温莱特所了解的更为糟糕。由于状况太恶劣，爱德华·金得出了他自己的结论。聪明的爱德华·金具有法律学位，念过指挥及幕僚学校，长官及兵士们都爱戴着他，讲起话来冷静而头头是道。他说，如今除了向日军投降之外，根本无他途。

他明知如此会违背温莱特的命令，但是他派出特使，举白旗前往日军处投降，并准备把一切的责任挑起来。

4月9日上午6点，温莱特才知道爱德华·金的这种行为。他震惊万分，要求爱德华·金再度考虑，然而一切已经太迟。上午9点，爱德华·金穿起新制服，前往会晤日军指挥官永野龟一郎。

这一次会晤于靠近战线的实验农场举行。永野龟一郎声称他没有权限，必须向本间雅晴报告。

本间雅晴大喜过望，很快到了现场。爱德华·金特意再三地请求日军依照日内瓦协议的条件对待俘虏，然而，日方只同意接受爱德华·金个人无条件投降。12点30分，爱德华·金为了拯救部下的官兵起见，同意了这种他个人的无条件投降。结果，在这一天，约有两千名巴丹半岛的防御军落入了日军的手里。

由于爱德华·金的投降彻底让美菲联军失去了斗志，接着投降的部队越来越多，据统计先后共有7.5万名美菲联军向日军投降——包括几个军衔较高的将军。到4月9日，巴丹半岛之战已告一段落了。本间雅晴预计在50天之内获得胜利，前后却耗费了123天。

★无奈投降

据当时的美军回忆：半夜，爱德华·金把参谋人员召集在一起，告诉他们形势已经没有希望了。为了挽救数千人的性命，他宣布在第二天早上6点挂起停战旗："我没有通知温莱特将军，因为我不想让他承担责任。"这个消息传到科雷希多太晚了，以致不能撤销投降的命令。破晓的时候，美军战线到处竖起了白色停战旗。爱德华·金乘坐的吉普车在坑坑洼洼的道路上颠簸地行驶着，上午9点到达拉瓦奥日军司令部。他当着日本军官的面把手枪放在桌子上，忍受着奇耻大辱。这天，美军在战场上遭到了有史以来最大的失败，麦克阿瑟得知后说："没有一支军队曾经以如此少的兵员装备作出如此大的贡献，没有比它最后经历的考验和苦难更能说明这一点。"

第五章
难忘的悲情结局

★一路上，战俘们头顶烈日、脚踏热土，连续行军5天，饥饿没有东西吃，口渴没有水喝，行动缓慢便遭到毒打，掉队就会被刀刺或枪毙。

★在前后达5个小时的炮击中，日军发射了3600发炮弹，其中一发贯穿了弹药库的混凝土壁。依照日军的说法，那种状况好像全岛都爆炸了似的。

★温莱特受尽了羞辱和折磨。他拒绝在"所有驻菲律宾美军停止抵抗"的投降书上签字。本间雅晴暴跳如雷，威胁温莱特说，如不照办，就看日本人如何大开杀戒。

★不管麦克阿瑟在其后的太平洋战争中创下了何种功绩，在1941年菲律宾之战时，批评他的话题总不间断，让人疲于一一提起。

1. "巴丹死亡行军"

在协商投降事宜过程中,美方一再要求日方停止无谓的流血,优待放下武器的将士,按照国际法对待战俘。日军谈判代表不无讽刺意味地说:"日本人的文明程度一点也不比西方人低。"但是,后来所发生的血淋淋的事件,向世界再清楚不过地描述了日本人的"文明"。

天真的爱德华·金在投降谈判时曾向日军当局明确表示,如果日军需要运送战俘,美军有足够的汽车和司机。因为他在决定投降

爱德华·金同日军商讨投降条件

以后，命令部队销毁了大部分武器装备，而故意把全部汽车保存了下来，并且特地留下了两座油库。他这样做的目的就是打算投降之后，能够使日本人有足够的车辆运送战俘。

但是，日军没有理睬一个投降的美国将军的意见。在由巴丹半岛南部到奥东尼尔战俘集中营途中，不但投降的士兵没有汽车坐，就连投降的将军也必须徒步走向战俘营。不仅如此，在长达70多公里的长途徒步转移中，日军不但不给他们食物、不给他们治病，还对饥饿与疾病交加的战俘竭尽打骂、羞辱、虐待、折磨和杀戮之能事。

历史虽然已经进入高度文明的新时代，但在用武士道精神培养起来的日本法西斯军人眼里，1929年制定的善待俘虏的《日内瓦国际公约》不过是一张废纸，作战失败后只能战死或者"玉碎"，不能投降。他们视战俘如奴隶一般下贱。他们可以像奴隶主一样任意处置俘虏，可以剥夺俘虏的生存权利。

数万名饥饿与疾病交加的战俘在热带烈日的暴晒和日军刺刀的威逼下，首先要由巴丹半岛南部徒步约60公里到邦板牙省的圣费尔南多，然后乘闷罐车经3小时行程到打拉省的卡帕斯镇，再步行11公里，到奥东尼尔战俘集中营。一路上，战俘们头顶烈日、脚踏热土，连续行军5天，饥饿没有东西吃，口渴没有水喝，行动缓慢便遭到毒打，掉队就会被刀刺或枪毙。不少人就这样被折磨得倒在地上断气了，有的人还没有死就被弃之路旁，或者被活活埋掉了，

经典 全景二战丛书 **巴丹半岛拉锯战**

"巴丹死亡行军"一角

有的人还被日本兵用刺刀活活地挑死。一路上，共计约有1万多名战俘在日军的暴行下丧生。这就是以虐待俘虏、杀戮战俘而著称的"巴丹死亡行军"。

美国陆军中校威廉·迪易斯是"巴丹死亡行军"的幸存者之一。他对这一"死亡行军"有刻骨铭心的记忆。

以下是他回忆的几个片断：

"我们第21中队尚余的160名官兵连同另外的500名美国将领和菲律宾士兵被集合在一起。我们在热得要命的阳光下站了一个多小时，日本人又打又骂，百般侮辱。搜查身体终于结束，我们开始长途跋涉……我们走后，又有其他数百名战俘被押上路。他们不久就跟随我们离开巴丹半岛，开始长途跋涉。

"日本人似乎不打算给我们吃的，我们自1942年4月10日开始步行，自前一天早上起，我们大都没有吃过东西。有的人已经4天没有进食。我们的水壶中有一点温水，此外就什么都没有了。我们不时看见路旁堆放着一堆堆牌子熟悉的美国食品，这使我们的饥饿感更加强烈。

"我们走近小碧瑶，不久来到两天前曾经饱受轰炸的第一野战医院。原来的医院只剩下一片焦土。受伤的美国士兵在焦黑的瓦砾间茫然而立，到处可见倚着拐杖的伤兵。有的失去一条手臂，有的是双臂全失。他们愕然地望着战俘行列。

"日本军官看到这些受伤的士兵，立即把他们集拢起来，推入行进行列。伤兵们尽力走,但是只有少数能够跟上队伍。日本兵把倒下的人踢到一旁,有人想拉这些人一把,也都被踢开,甚至被日本人用刺刀乱戳。受惊的伤残者挣扎着走了差不多两公里路,慢慢力气实在不济,渐渐落后,最后就一个一个地倒毙,被弃置路旁。

"路上越来越拥挤。我们被赶到一片空地上。我们在烈日下暴晒了两个多小时,初次尝到了赤道盛夏阳光的味道。火辣辣的阳光耗尽人的精力,消磨人的意志。日本人命令我们坐在滚烫的地面上,让烈日暴晒。我实在坚持不下去了,想喝口壶里的水。我拿出水壶,刚把壶盖拧开,却被日本兵一把夺过去,把水倒进他的草料袋里,然后又一路从战俘身边走过,把他们水壶里的水也都倒进了他的草料袋里,之后拿给他的马喝。

"下午,我们继续走。日本人越来越凶,不仅殴打走得慢的人,还要用刺刀戳痛他们。路旁不时可以见到被刺刀戳死或者半死的人,有的蜷缩着身子,有的血肉模糊,还有一位菲律宾士兵被戳穿了胃,在滚烫的尘土里扭动着。我们每个人都明白,倒下去就意味着死亡。我们想要互相搀扶,但是这也被禁止。我们只有互相鼓励着,坚持走下去。不少人实在坚持不住,倒在路旁,就被跟在后边的日军"清洁队"给一一"清理"了,后边不时传来噼噼啪啪的枪声。

"日本人肆意虐待我们的伎俩还多着呢。第一天,不许吃东西,只给一点水喝,第二天,没有现成的干净水喝,只让喝路边水沟里

第五章 难忘的悲情结局

日军部队在出击前饮酒

的脏水，第三天，仍旧不给吃的，只许喝些水。

"那天晚上，我们在街外由铁丝网围起来的地方过夜，看来只能够容纳500多人的地方，日本人硬逼我们2000多人挤在那里。几百名战俘染上了痢疾，遍地便溺，蛆虫随处可见。

"第四天早上，日本人说有早饭吃，我们痛苦难当，根本没心理会。太阳逐渐升高，气温迅速升高。极度的饥饿、疲劳、酷热和臭气，使许多人头痛欲裂，眼花缭乱。有的人开始精神错乱，发狂地叫喊，在地上乱滚，把剩余的精力耗尽，逐渐进入昏迷状态。有些人就这样死去，昏迷一阵就断气了。日本兵走进来，命令美国人把精神错乱者放到100多米外的一个草棚下，把尸体拖出去掩埋。

"我们本来以为已经见识完了日本人的暴行，谁知道却想错了。坟坑挖好，尸体都推了下去，恰恰就在这时，又有一个美国士兵和两个菲律宾人昏迷过去，被人抬离现场。一位日军士官拦住抬运的人，强令把3个昏迷者丢进坑里去，然后往他们头上填土。潮湿的泥土落在昏迷者的头上，使他们清醒了过来，他们拼命往外爬。两个日本兵用刺刀逼着负责铲土掩埋的菲律宾士兵赶快抛土。不久把坑填平了，那3个人就这样被活埋了。

"路边不远的地方有一口自流井，可以听见清晰的潺潺的流水声。这水声几乎使我们不能自制，都想痛饮一番。一位菲律宾士兵禁不住从队伍中走出来，向那口水井奔去。随后，又有第二个人、第三个人离开队伍，向水井跑去，一共有6个人离队。附近所有日军兵都举起了枪,等到那6个人离井还有一两米时,扫射开始了,6个人全部应声倒地。"

虽然巴丹半岛宣告沦陷。然而,民都洛岛及比萨杨群岛仍有美军及菲律宾军存在。达佛的日军企图扩充他们的势力范围,然而,却受到谢普所统领的菲律宾军队的牵制。

这支军队由3个菲军师团和数个菲律宾警察部队组成,但却未曾受过训练,甚至有不会打步枪的。在装备方面,他们的机关枪是不完全的,根本没有战车、手榴弹以及钢盔。火炮是8门旧式山炮,

驻扎在菲律宾吕宋岛的美军

其中 3 门在达佛损失了。

这支部队根本就不可能到巴丹半岛增援，或者担当南吕宋岛全域的防护，能做的只是化整为零，各自展开游击作战。

比萨杨群岛约有 2 万名兵士，被分成 5 个守备队，分散到各岛。这些部队由第诺威斯指挥。他们具有谢普军所缺乏的一个有利点——他们是已开始活动的"抵抗运动"的后援。

巴丹半岛作战结束之后，本间雅晴的注意力又转到了这些防御

日军步兵 214 联队士兵

第五章 难忘的悲情结局

部队。

在爱德华·金投降4天之前,本间雅晴把抽自第35旅团与步兵第214联队约5000名的官兵派遣到比萨杨群岛。他试图在攻击民都洛岛之前,先行把比萨杨群岛占领。他认为,只要占领比萨杨群岛,其他的守备队亦将宣告崩溃。

巴丹半岛沦陷后的4月9日,第诺威斯接到了警告,说是由3艘巡洋舰和11艘运输船所组成的攻击护送船队正在接近。黎明之后,日军一个攻击部队在宿务登陆,第二队则在该岛对侧登陆。

到了这一天的黄昏,日军已压制住了防御军,确立了对宿务市的支配。在战利品之中,包括前一个月冒着危险从达尔文运出的预备分配给美菲军官兵的物资。不过,防御军仍有充裕的时间破坏桥梁以及敌军将经过的道路。

在多雷多方面,日军也取得了较大的战果。由于美军认为那里的地形不适合于登陆攻击,只派遣了一股小部队防卫。那股小部队由于寡不敌众,最终把多雷多让给了日军。他们节节后退,甚至连构筑新防御线的计划也宣告失败了。

12日夜,第诺威斯与200名部下被迫转往山地,进行游击战。

4月16日,温莱特下令谢普重新编成比萨杨部队,并担任起残留于比萨杨群岛守备队的指挥。同日,日军从两个地点登陆毕尼岛(比萨杨群岛的另外一个岛屿)。到了4月20日,毕尼岛的战略点落入日军之手。

还有一支防御军也逃入了山内。在那儿，支援他们的抵抗运动团体不停地送来食粮、弹药、燃料以及家畜。他们甚至设置了碾米厂，准备做长期抗战。日军对游击队大感棘手，以致不得不派遣讨伐队去镇压。

菲律宾战场展开了别开生面的战斗。以弓箭及山刀武装的菲律宾人潜伏在山路，杀死了很多日本兵，使他们不得不狼狈地撤退。

在日本天皇生日4月29日那天早晨，日军在西海岸哥达巴多、巴兰两个地点登陆民都洛岛。到了翌日，日军又继续进攻，到5月3日，约有5000名日军控制了民都洛岛南部。

稍北的卡凯杨地区，菲律宾军展开了稍具规模的抵抗。不过到了5月3日，日军又重新登陆。谢普为了保持岛上的主要道路，不得不投入预备部队，试图展开反击。然而在日军势如破竹地进攻面前，只有一连串的牺牲以及混乱，虽然谢普有不少英雄式的行为，但仍不得不后退。

另一方面，本间雅晴认为，日军不必有援军即可压制民都洛岛，因而把注意力转到了别的地方。

★死亡之旅

美菲联军投降人数约有78 000人。这些人成为日军的战俘后，遭日军强索财物，并开始押解到约100公里外的战俘营，路程以徒

第五章 难忘的悲情结局

投降的美菲联军士兵

步行军为主，但整个行军过程除了初期给予少许食物外（根据幸存者表示，仅给一次高尔夫球大小的米饭），一路上不许战俘再有任何饮食，凡是企图找寻饮水与食物者，即被日军以刺刀或开枪处决，同时也驱赶、阻止当地菲律宾人给予战俘食物与水，即便有若干侥幸者躲过日军眼线而偷喝到几口河水，也因河水已严重遭受污染（河中漂浮着尸体以及绿色泡沫、且气温达华氏100度），最后引发严重的腹泻、呕吐而死。

如此，经过强行不吃不喝地赶路行军，最后虽抵达目标营地，但沿路上因饥渴而死及遭日军刺死、枪杀者达15 000人之多。当然，并非抵达战俘营后就摆脱了死亡。由于日军在营地内虐待战俘，包括拷打折磨、逼迫苦力劳务、刻意让其挨饿等，在抵达营地两个月后又死去了约26 000人。

2. 科雷希多岛沦陷

科雷希多岛尚由温莱特掌握着，日军没有办法自由出入马尼拉湾。驻留于科雷希多岛的美菲军队一直认为"自己是死不了的"。因为那些防御设施以及迷魂阵一般的马林塔隧道，都被构筑于岩层里面。

科雷希多岛与吕宋岛隔着2海里宽的海峡，美军认为，日军再强大也无法进攻过来。

在海军基地被破坏了之后，驻留于科雷希多岛的官兵仍在长6公里，宽1.5公里的"岩窟"岛，过着与平时一样的生活。他们穿着漂亮的制服接受点阅，或者在干净的房间里面玩扑克牌喝啤酒。

商店及俱乐部照开,军官俱乐部终夜演奏着舞曲音乐。

从奥龙卡波来的第4陆战队(由霍华德统领的官兵),真不敢相信此岩窟正处于战争的恐怖气氛当中。

该岛的先住者,对于无休止的空袭似乎已无动于衷,因为他们深信该岛万攻不破的传说。当日军在吕宋全域展开攻击作战之时,美军官兵对日军欲进攻科雷希多岛的计划表示鄙夷。日军接受了挑战,给了这个万攻不破的神话以沉重的打击。

以轰炸展开序幕,然后配合着第14军在巴丹半岛第二次攻击,

遭遇空袭后的科雷希多岛

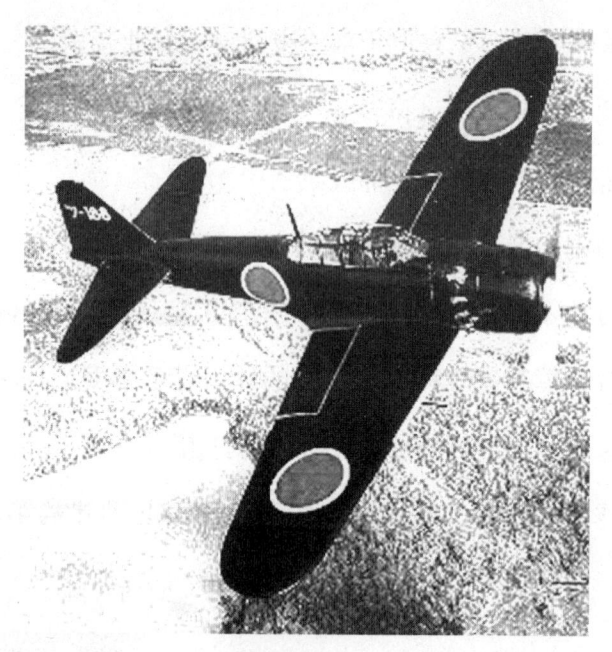

零式战斗机

日军对"岩窟"的进攻日渐激烈化。

每天都有很多飞机来袭。虽说高射炮手的技术比较高超，但由于射程短，必须等到轰炸机飞临头上才能展开射击，甚至必需趁着飞机丢炸弹之时展开一连串地射击。

因为守军迎头射击，日军飞机只能飞得较高。岛内多数的战略要点，发电所及给水厂等得以逃离厄运。同时，日军前后有25架飞机被击落。

在日本人疯狂轰炸下，科雷希多岛变成了地狱。原本能够收容6000名官兵的医院，如今不得不收容15 000名官兵了。加维特海军基地被破坏了之后，官兵们都撤退到"岩窟"。此外，连马尼拉远东美陆军司令部与官署的工作人员，菲律宾政府以及其随行人员都来到此地避难。

在这种状况之下遭受轰炸，必然会产生空前的混乱以及很多死伤者。同时，由于物资补给逐渐困难，人数又不断增加，给养变成了一个很大的问题。后来，日军又用10门240毫米口径的榴弹炮轰击，导致防御军的困境更严重。

日军对巴丹半岛展开最后攻击期间，以科雷希多岛为中心的诸岛屿都能够保持暂时的安全。然而过了两天，日军轰炸机群又飞来了。

美军侦察车侦察地形

日军从克拉克机场飞出的机群除包括60架陆军机，24架海军机，每天都展开三到四次攻击。美菲防御军在白昼之间整整要接受8个小时的疲劳轰炸。最后，日军对白昼攻击已不满足，还以50架轰炸机进行波状的夜间轰炸。

虽然如此，美菲防御军的死伤仍然很少。因而，美军越发相信科雷希多岛是万攻不破的"岩窟"以及东方的"直布罗陀"。

如今，他们等待着日军展开步兵进攻。他们有击退日军的自信。他们要向日军显示：亚洲仍有武士道所不能击败的一角。

由于巴丹半岛已经沦陷，日军可以从半岛的顶端对科雷希多岛展开炮击。不过，日军也无法安然无恙，因为他们也遭到科雷希多岛防御军的炮击。

的确，美军的炮手们有他们自己的绝技。某炮兵中队把整整303公斤的炮弹打进日军集结的炮兵部队中，继而，其他中队向弹药集积地以及战车的集结地给日军以猛烈的炮击。

1942年4月29日，为了庆祝日本天皇的生日，日军的炮击激烈化了。防御军也预感到日军要袭击科雷希多岛。上午7点30分起，日军就展开了猛烈的炮击，240毫米炮弹所炸裂的暴风使那些躲藏在散兵坑里面的防御军士兵差点被吹走了。

日军轰炸机掠过防御军头上，然而也暴露于防御军炮口下。日军根本顾及不了，结果被击落了不少。到中午，巴丹半岛上就连平常都能逃过厄运的弹药集积所也被熊熊火焰所包围，最终引起了爆

第五章 难忘的悲情结局

炸。防御军集中炮击一连进行了两天。各火炮有如机关枪一般不断地在发射着火焰。

第二天晚上，美军两架海军水上飞机设法靠岸，接走了50多人，多半是女护士。

随着日本轰击速度加快，拥挤在科雷希多岛的4000军队越来越难以忍受。马林塔隧道是唯一可以躲避敌人袭击的地方，充满恶臭的窄洞里挤着很多人。营养不良、疟疾和痢疾消磨了他们生存的意志，制造了被称作坑道病的特有神经错乱。

5月3日晚上，美军"星鱼"号潜艇前来接走了另外25个撤退者，包括13名护士。温莱特对潜艇艇长说："他们只有打过来才能接近我们，不然他们是无法接近我们的。"温莱特知道，这将是他向外部世界的告别。他电告麦克阿瑟，由于淡水不够5天之用，形势变得十分危急。第二天，他又作了一个估计，是讲给马歇尔听的："依我看来，敌人随时能够向科雷希多岛发动进攻。"

到了5月4日，日军再次发动激烈进攻。

在前后达5个小时的炮击中，日军发射了3600发炮弹，其中一发穿过了弹药库的混凝土壁、引起了爆炸。到处是爆炸声，好像全岛都爆炸了。连那些在岛屿顶端的人也被震得耳鼻流血了。甚至有重达13吨的臼炮被刮离了炮台，而其中一门落到了136米之外。

炮击告一段落之后，防御军官兵们爬出了战壕，把被掩埋的战友们挖出来。虽然如此，日军第14军的最后攻击准备仍未完成。

登陆用舟艇差不多仍在林加延。日军如欲把它们沿着海岸运输到利麦的话，则必须通过海峡。在这种情形之下，当然会遭受到科雷希多岛美军炮击。结果，在轰炸及炮击之下，登陆用舟艇被转运到利麦。

在这期间，日军第14军的官兵们正在制造竹梯，以便攀登科雷希多岛高峻的绝壁。在开往科雷希多岛的日军之中，实际上成功登陆作战的只有极少部队。

日军再度对"岩窟"展开炮击。由于炮击终日不断，通信线被切断、探照灯被毁坏、地雷爆炸，甚至连海岸的散兵坑也遭受到破坏。18点30分，日军集中射击朝着狭长的岛屿尾部移动。21点30分，日军由收音机中收到了登陆用舟艇的引擎声音。

约在30分钟之前，美菲军第4陆战队指挥官霍华德把所有部下派遣到海岸去防御了。

美菲防御军官兵看起来很像是乌合之众。他们包括陆战队员、菲律宾兵以及菲律宾特种部队的劫后余生者，全都穿着破烂的制服。日军登陆先头部队为第14军第4师团，此师团将进攻抵抗中的马林塔隧道。

想不到日军登陆用舟艇被北海峡的潮流冲走，流到了科雷希多岛东端海岸。当日军逆流而上之时，突然遭到美菲海岸防御军射击。所以，本来可以从容登陆的日军蒙受了巨大的损失。知道了这件事，本间雅晴非常恼火。其实，佐藤源八指挥的步兵第61联队的小部队早已抵达了海岸。

海岸的防御军企图消灭想构筑桥头堡的第二梯次日军，阻止日军登陆的时候，佐藤源八重整了阵势，朝向马林塔隧道摸过去。由于此部队的行动相当隐秘，一直到深夜，本间雅晴才知道有部队登陆成功。登陆的日军不足1000名，而防御军则可动员达15 000名之多。

霍华德立刻下令反击日军。马林塔隧道充斥着市民、负伤者、护士等约5000名，美军很难通过这个隧道。在数目上，美军虽然

受伤的美军士兵被抬下阵地

占优势，但是由于联络通信不良，无法在必要之处集结兵力。遭受到攻击的各部队，虽然很勇敢地战斗，然而仍有很多留置于海岸的人到了第二天清晨仍不知道日军已经登陆了。

至今为止，只知道日军登陆的部队只有极少数，听惯了死伤及失败报告的本间雅晴接着又听美军展开反击的情报，震惊不已。由于美军在数目上占着绝对优势，他担心登陆部队会被赶到海中。

★科雷希多岛

科雷希多岛是位于菲律宾首都马尼拉以西的一个小岛。18世纪，西班牙的帆船在大炮的轰鸣中赶走了荷兰"海盗"，开始了在菲律宾的殖民统治。科雷希多这个名字来自西班牙文，意为"地方法官"。西班牙人在岛上修建了灯塔。站在灯塔上可以鸟瞰马尼拉湾和南中国海。

19世纪末，美国海军在此摧毁了西班牙的舰队，开始了对菲律宾的殖民统治。因科雷希多岛重要的地理位置，美军从1902年起加强了该岛的防务，并将其作为军事基地和"马尼拉与苏比克湾港口防御系统"的一个组成部分。美军在岛上修建了众多炮兵阵地和军营、学校、邮局、电影院、医院等。

从1922年至1932年，岛上守军在马林达山下修建了隧道。隧道由主隧道和24条分支隧道构成，最初作为医院、油库和军火库，后改做防空工事，作为菲律宾和美国守军的指挥部以及菲律宾总统奎松的办公室。

1941年至1942年间，菲律宾和美国的军队在这个弹丸小岛上对日军进行了抵抗，从而延滞了日军的前进速度。1941年底至1942年5月，岛上的大炮支持了巴丹半岛上的菲律宾和美国守军。后来，日军无休止的炮击和轰炸摧毁了该岛的防御系统，守军在1942年5月6日投降，美军也被迫撤出菲律宾。

3. 无奈的温莱特

本间雅晴虽然还有充足的兵员，然而登陆用舟艇差不多已提供给科雷希多岛沿岸的登陆部队。登陆用舟艇已经减少到21艘。他认为，日军在科雷希多岛方面已经吃了亏。因而，他对参谋军官们说："我们失败了。"

其实，他的军队已在获胜前夕。佐藤部队一部分已经包围了欲反击的美军。几门火炮也被搬到了战场，渡过海峡的3辆战车也在上午10点钟投入了战场。

这么一来，科雷希多岛的命运已经被决定了。所有防御军已参加了战斗，对于每时每刻都在增加战力的日军再也无可奈何了，击溃日军登陆据点的机会业已丧失了。

"你和你忠实的将士已成为我们作战目标的象征和我们胜利的

激战中的美军士兵

"保证。"温莱特当晚受到了罗斯福特发的无线电报嘉奖。这份电报暂时鼓舞了马林塔坑道司令部里面容憔悴的军官们，但他们与外围部队的联系正被切断。接着，有人报告日军已经摧毁了海军陆战队的炮兵阵地。这个阵地离坑道的垒着沙袋的东门还不到1.5公里。乱纷纷的报告不断传来，说又有几批敌人已经登陆，正在坦克的掩护下向岛内进逼。

酷热的坑道司令部里骚乱不堪。显然，温莱特筋疲力尽的参谋们面临着失败。一队衣衫褴褛的海军陆战队、海军军官和威廉斯率领的军士一起，勇敢地发起了最后一次猛烈反击，企图重新夺回那座半边塌毁的水塔旁边的炮兵阵地。

黎明时，天色灰暗，这一队人像耗子一样从一个弹坑爬到另一个弹坑。凭着一股由于绝望而产生的决心，威廉斯成功地发动了猛烈反击，使阵地上的日军措手不及。这是一个短时间的胜利。日军坦克和大炮的定点轰炸很快摧垮了这道勇敢的防线。日军毫不放松地向垒着沙袋的马林塔坑道入口进逼。

温莱特担心，一旦日军进入几千名赤手空拳的伤员拥挤在一起的坑道，会有一场血腥的大屠杀，于是电告总统：他将"怀着破碎的心，因悲伤而不是羞耻低下头"，他必须安排投降。"告诉日本

美军的240毫米火炮防御阵地

人我们将在正午停火",他向仍然在弹孔累累的地下掩蔽所里坚持战斗的战地指挥官发出命令。"我们或许不得不在正午时放弃抵抗,我们还不知道他们是否要向我们开炮,我们可能坚持不住了。"电报员欧文·斯特罗宾二等兵发出了电报。

在巴丹半岛的日军司令部里,本间雅晴担心他的入侵可能失败,但到了正午前不久,有人报信,说科雷希多岛美军阵地上飘起了白色停战旗。温莱特知道他必须停战,以便保全坑道内人员的性命。他命令发出投降的信号。

"一切都完了,每个人都像婴儿一样在叫喊。"二等兵斯特罗宾拍着电报,"我知道被捕鼠器逮住的老鼠正等着人来干掉它的时候是个什么滋味了。"几分钟之后,他拍发了他在布鲁克林的家庭地址,同时请求:"将我的情况告诉妈妈。"

5月6日上午10点30分,温莱特与往日的爱德华·金一般,宣布对日军投降。海军广播电台,不停地呼叫着:"敬告本间雅晴将军……"同时,白旗升上了最高的旗杆,兵士们奉命破坏武器。

温莱特带着部下两名军官,朝向已逼到登巴山的日军战线走去。他此时与爱德华·金有相同的感觉,那就是即使向日军投降,事情也不能圆满解决。

接见温莱特的日军中尉把他引见给另外一名上校。温莱特对他说:"我只愿意向本间雅晴投降。"该上校用登陆舟艇把他们带到巴丹半岛。他们被带进一幢白色的房屋。他们在露台等待着本间

第五章 难忘的悲情结局

美菲联军官兵走出马林塔隧道向日军投降

雅晴到来。在这段期间，日军电影摄制员下令他们到草地上面踱来踱去。

当本间雅晴坐着光亮的卡迪拉克车抵达现场之时，温莱特等人还站立在那儿。接着，本间雅晴的参谋军官的座车跟进，最后是一群日本随军记者。本间雅晴在下了汽车之后，以锐利如鹰的眼睛盯着这几个美国人，然后，从他们的身旁走到了席间。

露台上早已摆好了桌子，美日双方的将军对坐着。本间雅晴虽然会说英语，但仍旧带来了翻译。本间雅晴对温莱特说，他不想受理不包括所有驻菲美军在内的投降。这当然是指如今尚在民都洛抵抗日军的谢普。温莱特说，他只对科雷希多岛的美菲联军负有责任。因为比萨杨群岛及民都洛岛很早就不在他的指挥之下。

本间雅晴深知美军的指挥系统。他怀疑地问，那些军队在何时离开了温莱特的指挥？温莱特答道："数日之前。"事实上，在他越过战线之前，他即自行把这个责任切断了。本间雅晴通过翻译说："那么，在这个投降条件被接受之前，我们将继续进行战斗。"说罢，他带着属下军官们离开了现场。

本间雅晴离去之后，温莱特的同行者提醒他说，必需迅速地采取行动，以避免担任防卫的军队以及马林塔隧道内的负伤者及护士大量地遭到惨杀。

温莱特问带他到巴丹半岛的日军上校，此后他将怎么做？日军上校答道："我将把你们带到科雷希多岛，以后你们就看着办！"与温莱特同行的另一位军官接近日军翻译之时,日军翻译说:"温莱特将军,机会我们已给你了。"然而,温莱特却毫不迟疑地拒绝了。

而日军上校则说,既然本间雅晴已拂袖而去,那么美军只有一条路可走,那就是向科雷希多岛的日军指挥官投降。

当温莱特回到科雷希多岛之时,日军已逼近到隧道入口处了。温莱特把谢普的军队置于他的指挥之下,认为除了投降之外别无他途。添加了这种条件的文书被翻译为日文,在那一天(5月6日的

走出马林塔隧道的美军士兵

深夜），温莱特在该文书的末尾无奈地签上了自己的名字。

此时，日军大约已完成了对隧道的控制，翌日早晨，日本某上校进入温莱特的房间，声称他就是参谋本部（"大本营"）以及本间雅晴司令部的使者，被派遣来洽谈有关投降的问题。温莱特令代书者写下民都洛岛美军投降所需要的手续。如此一来，附有条件的投降完成了。温莱特本身也变成了俘虏。随着消息传出，马林塔隧道变成了无人之地。在这之后数天，日军为了集结岛上投降的 15 000 名美军防御军官兵而忙碌着。

马尼拉被大面积破坏的建筑物废墟

第五章 难忘的悲情结局

5月7日，温莱特被带到马尼拉，受尽了羞辱和折磨。最初，他拒绝在"所有驻菲律宾美军停止抵抗"的投降书上签字，本间雅晴暴跳如雷，威胁温莱特说，如不照办，就让他返回科雷希多岛继续交战，看看日本人如何大开杀戒。

在万般无奈的情况下，为了避免不必要的牺牲，他含着泪，接受了奇耻大辱——在"停止一切抵抗"的投降书上签了字，并哽咽着宣读了日本人口授的广播稿。有1.2万人先后投降。美菲联军投降总数大约有9万人。

在澳大利亚的麦克阿瑟得知温莱特让菲律宾美军停止一切抵抗、缴械投降的消息，气愤极了。他断定温莱特一定是被敌人利用了，立即广播撤消投降的命令，要求坚守在菲律宾南部的部队要不惜一切代价继续抵抗，开展游击运动，并且电告在棉兰老岛的夏普"投降的命令无效"。但是没过几天，日军命令温莱特的一位助手飞抵棉兰老岛，敦促他们停火，否则就屠杀被关押的战俘。在这种情况下，5月10日，驻棉兰老岛的美军投降。18日，驻班乃岛的美军投降。

菲律宾战役中，日军死伤约1.4万人。日军完全占领菲律宾群岛后，控制了日本本土到南洋之间的海上交通线，取得了进攻荷属东印度的跳板和基地。

对科雷希多岛的最后进攻使800多个美国人和菲律宾人丧生，日军死亡人数则超过这个数目的3倍。但是，海军陆战队第

4师的幸存人员中,仅仅有三分之一的人在后来野蛮的监禁中活了下来。

在记者招待会上,麦克阿瑟宣读了他精心准备的赞颂稿:"科雷希多不需要我发表评论,它自己已经在枪口下讲了话。它在敌人的墓碑上题了自己的墓志铭。但是,透过它那最后一枪散发出来的硝烟,我好像总是看到那些严峻的、面容憔悴的士兵们的形象,他们依然无所畏惧。"这些难忘的形象驱使他要去为死去的数以千计的美国将士和菲律宾士兵报仇,鞭策他重新呼吁发动远征,收复菲津宾。

温莱特被俘后,先后被辗转关押在6个战俘营。最初是在菲律宾的打拉战俘营,后来被送到中国台湾岛。在那里的一年时间里,他曾被先后关在花莲、玉里和木栅3个战俘营。直至1944年,温莱特和一些盟军高官被秘密转到中国奉天俘虏收容所下属的第一分所、第二分所。

从被俘一开始,美军将士们就开始挨饿。食物成了他们疯狂想得到的东西。从早上醒来到晚上睡去,战俘们整日想的就是得到更多的食物。时间一长,战俘身上的脂肪被一点点消耗光了,开始消耗肌肉组织。每周在公共浴池洗澡的时候都会看到惨不忍睹的景象:战俘们个个瘦得皮包骨。繁重的劳动耗光了他们臀部里面的肌肉和脂肪,臀部的皮陷落在腿部的骨头上,像两个深深的口袋。他们已经完全忘掉了尊严,除了食物什么都不想。梦境中出现的丰盛的宴

第五章 难忘的悲情结局

美国和菲律宾俘房从托马斯大学（日本战俘营）窗户向外望

会会使战俘们醒来时更觉得饥饿难耐。

在这里，战俘经常遭到毒打，就连温莱特也没能逃过这样的命运。对他来说，毒打也成了家常便饭，甚至一个普通的日军士兵在没有任何理由情况下也可以将他毒打一顿。温莱特在回忆录中这样写道："正当我从厕所里走出来，要到营房后面的水池去洗漱时，看见一个日本兵就在附近。他个子不高但很健壮，并且肌肉发达。我转过身，忍着胃疼向他鞠了一个躬，然后准备走开。但他却对我喊叫着什么，并示意让我靠近，于是我走了过去问'什么事？'这时，几个附近的美国军官停下来看着我们。那名日本兵迅速冲上来给我一个耳光。这一击使得我的脸上如针刺一样痛，内心厌恶和绝望的情绪顿时升腾起来。我仍倔强地站在那里。接着，他打了我第二下，第三下，第四下。每打我一下他都喊着'为在美国的日本人。'这种殴打使我站都站不稳，但是我努力坚持不让自己倒下去。他看见我没有倒下，就冲上来给了我的左下巴狠狠的一拳。我终于倒下了，已经神志不清。但是仅有的意识告诉我，这是我一生中最大的耻辱……"

在投降文书上面签名，并不是最后的结束。民都洛岛的谢普拒绝投降，在日军第14军攻击的焦点转到他时，他仍与逐渐增强的日军周旋了多日。他给澳大利亚的麦克阿瑟最后一份电报说："敌军已突破了右翼，我们已经不能做任何的抵抗了。"后来，谢普的部队被打散。

到此时，菲律宾战争可以说完全结束了。

★ **失败的英雄——温莱特**

1945年8月18日，美国丰田战俘营营救小组来到中国东北的北大营，告诉温莱特：你自由了。温莱特愧疚地说："我对不起祖国人民，在战场上向敌人投降了。"温莱特十分担心美国人民会因为

温莱特

他投降而轻视他。对方安慰温莱特说:"不会的,你已经尽了自己最大努力。总统十分关心你的安危,美国人民视你为英雄。"

8月23日,营救小组为温莱特过了一个别开生面的62岁生日。后来,在苏联红军帮助下,温莱特等37名战俘离开了战俘营,经沈阳飞抵重庆。

温莱特回到美国后,受到杜鲁门总统的亲切接见。1945年9月2日,温莱特登上了美国海军"密苏里"号战列舰的甲板,参加了日军投降签字仪式。回到美国后,他被授予国会荣誉勋章,并被任命为美国东部防区司令。

4. 谁播下耻辱的种子

吕宋的攻防战，尤其是巴丹半岛与科雷希多岛的抵抗，在当时具有很大的意义，然而却始终被美英两国的历史学家所轻视，一贯地重视这两个战役的，只有日本人而已。

后世看来，似乎会认为这两个战役对太平洋战争并没有什么影响。这两个战役经历了相当长一段时间，而且也相当地残忍，虽然顽强地支撑下去，但菲律宾防御军仍没有战胜日军。

日军在太平洋战争初期之所以能够获得成功，不仅是由于他们具有大胆的勇气，预料到将来的计划，同时也是所谓运气使然。对日军来说，他们是幸运的，而美军却是厄运连连。例如：日军前往偷袭的攻击舰队不曾被发现，就是因为他们的运气好。在菲律宾战役，幸运之神也一直伴随着日军。

美军的警报系统不太好，导致战斗机起飞与降落都失去了好时机，就连高射炮也是赶不上时代的落后物。

当然了，美军败北，并非全是运气不好。

当日军前来攻击之时，远东航空军的飞机为何还在地面上待着呢？关于这个问题，没有人知道真正的答案。然而，保守的萨瑟兰（麦克阿瑟的顾问）与大胆的普列斯顿的性格所引起的冲突也是主要原因之一。

不过，无论是萨瑟兰或者是普列斯顿，都只是远东美国陆军总司令道格拉斯·麦克阿瑟的陪衬而已。

即使是由普列斯顿负起决断的责任的话，那么，招致名誉失败的麦克阿瑟为何没有遭受到惩罚呢？

或许有如台湾攻击命令所带来的混乱一般，有着不为人们所知

美军随军牧师正在为阵亡者举行祈祷仪式

日军缴获大量的美式装备

道、必需深入地调查才能明白的事态吧？问题是一个接一个地发生的。例如：当人们想起攻击性的大胆政策是麦克阿瑟本身的主张之时，那么一定会有人怀疑，他为何不制定与其政策一致的计划呢？

对于中国台湾在日军战略方面的意义，麦克阿瑟是很明白的，而长距离轰炸机的使用也有可能。为何在蒙受大灾害之前，没有下任何的决断呢？如果说麦克阿瑟希望战争迟延5个月发生，他也没有辩解余地。

无论如何，对任何的攻击，都要有准备于万一的计划，这是指挥官的责任。然而在1941年9月，麦克阿瑟并没有诸如此类的计划。有如凯宾·龙在《作为军司令的麦克阿瑟》里面所指责，麦克阿瑟滞留在菲律宾的6年之间，连奎松也知道麦克阿瑟必须做些什么工作，然而麦克阿瑟却不曾组成具有必要力量的军队。

不仅如此，当接到挑战之时，他并不对精锐部队的菲律宾师团寄予厚望，而一直期待着军队能够立下战功，因而时常把菲律宾师团分割使用。

既然已察知了日军进攻的地点，为何不把军队配备到海岸，以便打击日军呢？这里是打击进攻军最适合的场所（由于天气之故，形势对日军越来越不利），如欲追击他们的话，这是最好的机会。

如果，对地势及运输机关不足的问题表示同情的话，那么，对于没有保有机动部队，他又应该如何解释呢？既然机动已长期成了问题，为何不树立对策呢？为何不采取现实而慎重的方式，以判断日军的攻击力量呢？是由于装备不良且未经训练的防御军，觉得与多数的优势敌军交战而失去战斗的意志？恐怕这一个因素，对菲律宾军的屡次战败，有着很深的影响。

遭受到攻击的军队，一般都会把对方的部队估计得过分强大，这种夸张往往会在指挥者那里获得修正。而麦克阿瑟这位经验丰富的将官却把自己军队的任务判断为比实际更为困难，这实在叫人难以理解。当他知道了只有撤退到巴丹半岛，除此外再也没有他法之时,为什么人员及物资的转移又那么慢呢?

军官之间缺乏一种紧急感,这在战争的第一天以及珍珠港事件被知道之后仍然非常明显。军官们之间之所以有此风潮,是因为上级军官们忽略了灌输紧急意识所致。

不管麦克阿瑟对其后的太平洋战争,创下了何种功绩,在1941年菲律宾之战时,批评他的话题总不间断,让人疲于一一提起。曾有媒体这样分析:从麦克阿瑟那么强调重型轰炸机是"王牌部队"来说,他曾允许不去侦察聚集在中国台湾岛的日本军队就很奇怪了——可日本一直派飞机到美国各机场上空窥探。

"我们在菲律宾的空军拥有很多老式飞机,只不过是一支象征性的力量,设备不足,机场尚未完工,维修力量不够。数量相差悬殊是毫无办法的,从来没有过取胜的可能。他们完全被敌人的优势兵力所压倒"——麦克阿瑟在战后总是为他那不体面的失败

美军 P-40 式战斗机

第五章　难忘的悲情结局

辩解。可是当时的记录却表明，敌人空军力量的一半以中国台湾为基地，连到碧瑶以南作战都不可能（碧瑶是菲律宾的夏都，位于美国主要的基地克拉克机场以北100多公里）。而且，准备为海军第11航空队的108架轰炸机护航的那86架零式战斗机，只有减低了引擎的转数才能到达马尼拉——它们也没有为空中鏖战而贮备汽油。

菲律宾空军在机场上停着107架P-40战鹰式战斗机，虽然其性能不及零式飞机，但却有在自己的各基地上空作战的便利。这些飞机也有足够的续航力，可以飞到中国台湾再飞回来，以掩护35架重型轰炸机出动作战。此外，麦克阿瑟还有68架较老的战斗机和39架旧式轰炸机作为后盾。据记录记载，日军第11航空队的一名军官说，他们最担心的是，"美国飞机到南部一些地区躲避，这会使战役变得异常困难。"

假如麦克阿瑟和陆军部深信空军将是菲律宾防御力量的主力，看到日本人轻而易举地在第一次袭击中就击毁了美国停在地面上的飞机的一半还多，就更会感到意外了。珍珠港遭到袭击后，曾有9个多小时的报警时间，但这些时间却被浪费了。这显然是因为麦克阿瑟陷入震惊状态，他的指挥暂时瘫痪了。

有证据表明，布里尔顿多次要求批准派遣B-17式飞机去袭击在中国台湾南部的日军机场——好像命中注定了似的，那里的日本飞机由于有雾不能起飞，可以任人袭击。麦克阿瑟那位神气十足的

· 223 ·

1944年10月20日，麦克阿瑟将军完成了"重返菲律宾"诺言

参谋长萨瑟兰当时提出的反对借口是缺乏侦察行动目标。据说在那个重要的早晨，他连首先派出摄影飞机都拒绝了。麦克阿瑟为那天早上他不愿派出轰炸机提出的主要理由是没有经过侦察目标。可是这是说不过去的，马歇尔11月27日指示过，要开始到日本领土上空飞行侦察。布里尔顿若是能早些与他的总司令取得联系，他也许能够说服麦克阿瑟改变让日本先动手的主意——他毕竟曾得到过马歇尔的明确命令，说采取这种态度一定不能有损菲律宾的防务。

就像所有那些不可避免的命运一样，菲律宾司令部的瘫痪和犹豫不决造成的不仅是轰炸机，而且连在地面上的战斗机都成为日本人在大白天袭击的牺牲品。战后，美国一位级别很高的将军说："若是我遭到袭击时我的飞机还在地面上，我就再也没有脸正眼看我同伙的那些军官了。"菲律宾空军的一位领航员埃德加·惠特科姆说得更坦率："我们的将军们和领导人犯了军人所能犯的最大错误——让自己在未曾料到的情况下挨了打。"

总之，在菲律宾战役担任主角的麦克阿瑟很像走棋的人。由于他屡次错误，以致丧失了将棋。至于在战略方面，他到底想干些什么呢？实在叫人难以理解。"彩虹5号"作战计划乃是假想以太平洋舰队为主要武器的战争。纵使他对海军作战了解几分，但麦克阿瑟毕竟是陆军上将，绝不可能去指挥海军。那么，是否他临机应变的感觉左右了他呢？在竞赛或游戏方面输了的人，都不会受到任何人的爱戴。如果麦克阿瑟真是如此盘算的话，那么，他的算盘可打得不错。虽说是小规模，然而西洋的要塞于东南亚被攻略一事，仍然是属于罕有的现象：盟军的官兵们把巴丹半岛之战当成了笑柄，然而，麦克阿瑟却被抬举为"时代的英雄"。

★菲律宾战役影响

菲律宾战役是日本陆海军在第二次世界大战中实施的攻占众多群岛的第一次大规模战役。它证明夺取制空权和制海权对于登陆兵上陆的成功具有决定性意义。登陆兵先遣支队迅速夺取敌基地和机场以及日本航空兵转场至这些基地和机场，对保障主力顺利上陆和

经典 全景二战丛书 巴丹半岛拉锯战

菲律宾战役一角

继续作战起了促进作用。

作战中，日军约1.4万人死伤，损失80余架飞机、4艘船舰；击毁250余架美菲军飞机、8艘各型作战舰艇、26艘商船。美菲联军士兵2500人死亡，5000人负伤，将近10万人被俘虏。菲律宾的丧失使美军在太平洋的战略态势急剧恶化。